Anne von Blomberg
Simplicity

SERIE PIPER

Zu diesem Buch

Simplicity – weniger ist mehr! Gourmetgurus, Frauenzeitschriften und sonstige Lifestyle-Experten sagen uns Tag für Tag, wie unser alltägliches Leben auszusehen hat. Wenn Sie aber auf der Suche nach Simplicity, nach dem »einfachen Leben« sind, dann lassen Sie sich von derartigen Dogmen nicht aus der Ruhe bringen, leben Sie, wie Sie möchten, essen Sie, worauf Sie Lust haben, und finden Sie die richtige Balance aus Genuss und Einfachheit. Anne von Blomberg entlarvt Konsum- und Lifestyle-Fallen und plädiert für ein einfaches und glückliches Leben fernab von Askese. Belasten Sie sich nicht länger mit der ewigen Jagd nach noch mehr beruflicher Anerkennung – weniger ist einfach mehr. Die praktischen Tipps rund um Job, Familie, Alltag und kulinarische Freuden helfen jedem, sich das Leben zu erleichtern, ohne auf Lebensqualität und Genuss verzichten zu müssen.

Anne von Blomberg war stellvertretende Chefredakteurin der Zeitschriften Petra und Brigitte und Chefredakteurin des Gourmet-Journals Vif. Heute schreibt sie als freie Autorin über Themen aus dem Bereich Genuss und Gesundheit, Management und Mode, Trends und Glücksforschung. Von ihr erschienen außerdem »Teure Kinder«, »Der Höflichkeitsfaktor«, und »Der LustQuotient«.

Anne von Blomberg
Simplicity

... mach's dir einfach!

Piper München Zürich

Ungekürzte Taschenbuchausgabe
Piper Verlag GmbH, München
September 2004

Umschlag / Bildredaktion: Büro Hamburg
Isabel Bünermann, Friederike Franz,
Charlotte Wippermann, Katharina Oesten
Foto Umschlagvorderseite: Quint Buchholz (»Am Wasser«,
© 2000 Sanssouci im Carl Hanser Verlag, München)
Satz: Impressum, München
Druck und Bindung: Clausen & Bosse, Leck
Printed in Germany ISBN 3-492-24089-5

www.piper.de

Inhalt

Vorwort

Nimm's leicht

… ist eine gute Devise. Auch für Ehrgeizige. Auch für mich. Deshalb möchte ich mir und Ihnen das Leben nicht mit einer langen Einleitung schwer machen, sondern Ihnen interessante wie praktische Weisheiten und Simplicity-Tipps bieten. Damit Sie sofort sehen, dass es in diesem Buch nicht um Verzicht aufs angenehme Leben und harte Disziplin geht, sondern um brauchbare Ratschläge für ein besseres Leben, finden Sie hier statt eines Vorwortes eine Auswahl an beherzigenswerten Werbeslogans, Songtiteln und Lebensweisheiten. Jeder Satz ist ein Motto für dieses Buch – und für jeden Simplicity-Sucher. Auch für Sie.

- Mensch ärgere dich nicht
- Sorge dich nicht – lebe!
- Don't worry, be happy
- Einfach loslegen
- Gib niemals auf
- Make love not war
- Schwamm drüber
- Sprenge deine Grenzen
- C'est la vie
- Nimm's leicht
- Götz von Berlichingen
- Auch Schnecken erreichen ihr Ziel
- Mach dein Glück

- Je einfacher, umso besser
- Es muss nicht immer Kaviar sein
- Mach's gut
- Wer stürmt, stolpert auch mal
- Hör auf dein Herz
- Lachen ist gesund
- Möge die Macht mit dir sein!

In diesem Sinne, Ihre Anne von Blomberg

Alltag

Lebenskünstler nehmen (fast) alles leicht

Das »einfache Leben« wird von vielen gleichgesetzt mit der Abschaffung von Video, Fernseher und Computerspielen, mit dem Umzug aufs Dorf statt hektischem Stadtleben, mit Gummistiefeln statt Prada-Schuhen. Doch Lebens-Simplicity ist einfacher zu erreichen. Durch Bekämpfung der Zeiträuber und Nutzung von »Time-Saver«-Angeboten statt durch Verzicht auf alles, was das moderne Leben angenehm macht.

Lassen Sie sich bedienen. Immer mehr Geschäfte, nicht nur solche mit einer Homepage im Internet, bringen Ihnen Ihre Einkäufe nach Hause. Ab einer bestimmten Einkaufsmenge sogar kostenlos. Ihr Geldbeutel wird nur durch ein Trinkgeld für den Zusteller zusätzlich belastet.

Das Beste am Lieferservice von Mineralwasser und Luxusweinen über Pizza und Chinafood bis zu Gourmetgerichten und Trendmode (immer mehr Boutiquen sind im Zeichen der Modeflaute bereit, ihren Kundinnen Minikollektionen zusammenzustellen und sie zu Hause anprobieren zu lassen) ist aber nicht der Ersatz Ihrer Arbeitskraft durch die eines anderen. Es ist die Zeitersparnis. Statt für Staustress, Parkplatzsuche und Warten an vollen Kassen können Sie Ihre Zeit fürs Faulenzen verschwenden. Oder für das Ausfüllen Ihrer Steuererklärung (die Ihnen ein Steuerberater aber auch gern abnimmt!).

Nicht empfehlenswert: Respekt vor Büchern. Streichen Sie die Sätze an, die Ihnen gefallen. Machen Sie Eselsohren in die Seiten, die Sie besonders interessieren. Nicht nur weil Bücher heute Gebrauchsgegenstände sind, sondern auch weil Sie sich auf diese Weise Interessantes besser merken können, wenn Sie es unterstreichen, mit Randbemerkungen kommentieren, Fragen gleich daneben schreiben.

Ich mache das schon immer so. Unter anderem damit ich beim späteren Durchblättern schnell wieder finde, was mich beim ersten Lesen faszinierte. Klar, wenn Sie so behandelte Bücher später verleihen, verraten Sie dem Leihleser eine ganze Menge über sich. Aber was macht das schon? Gute Bücher leiht man sowieso nur besonderen Freunden.

Übrigens: Manch ein Mensch, der gleichzeitig Bücher- und Kochfan ist, schreibt sich Rezepte aus den heute ja meist sehr schön und kostbar gestalteten Kochbüchern sorgsam ab – weil er die gebundenen Bücher nicht mit in die Küche nehmen und vor Fettflecken bewahren möchte. Wer sich die Arbeit machen will, soll's tun. Simplicity-Sucher überlegen, ob ihre Erben wirklich Wert auf saubere Kochbücher legen und nehmen auch die teuersten mit an den Herd. Weil ihre Bilder die Kochzeit verschönern. Sogar mit Fettflecken.

Wussten Sie schon?
Langes Warten (Stau, Flughafen) ist mit Buch viel leichter auszuhalten als mit nervösem Fingergetrommel oder hektischem Auf- und Ablaufen.

Nicht empfehlenswert: Bücher horten, für den Urlaub oder den Tag, »wenn ich mal mehr Ruhe habe«. Meine Erfahrung als Viel- und Suchtleser hat mir gezeigt: Bücher werden im Gegensatz zu Wein durchs ungeöffnete Lagern nicht besser. Was ich zur Seite lege, weil ich »jetzt keine Zeit dafür habe«, lockt mich auch vier Wochen später nicht. Genauso wenig wie gestapelte Hefte von »National Geographic« oder »Psychologie heute«. Oder aus diversen Zeitungen und Magazinen herausgerissene Artikel, die ich »eigentlich« noch lesen will. Ihre Stapel setzen nicht nur echten Staub an, sondern auch symbolischen. Je länger sie herumliegen, umso älter und uninteressanter wirken und werden sie.

Da man zum Gründlichlesen von einem Zentimeter bedrucktem Papier angeblich eine Stunde braucht, heißt mein Simplicity-Trick: Ich dulde die Aufhäufung von Noch-zu-lesen-Stapeln eine Zeit lang. Wird der freie Raum zu klein, opfere ich eine Stunde fürs Lesen von Anfangssätzen. Komme ich über den ersten Absatz nicht ohne Gähnen hinaus, wird radikal aufgeräumt – Bücher in die Tüten fürs moderne Antiquariat (da bekommt man wenigstens ein paar Euro dafür), Ungebundenes in den Papiercontainer.

Perfekt geschulte Simplicity-Fans machen das mindestens einmal pro Woche. Regelmäßig! Dann bilden sich erst gar keine Bitte-lies-mich-endlich-Stapel. Ich bin noch nicht so weit, aber ich arbeite daran.

Lesen Sie Geschichtsromane, wenn Sie mehr über die Vergangenheit wissen wollen. Es gibt keine einfachere Möglichkeit, um seine historische Bildung zu verbessern. Die Autoren solcher meist spannend geschriebenen Geschichten haben für Sie recherchiert, wie es damals wirklich zuging. Sie können davon profitieren, ganz ohne Mühe und mit erstaunlich viel Spaß.

Meine Freunde halten mich für DIE Ansprechpartnerin, wenn es um Geschichte geht. Was ich ihnen nicht sage: Das meiste habe ich aus Romanen erfahren. In erster Linie aus Krimis. Über das alte Rom, über London im Mittelalter, über Japan während der Samurai-Zeit. Auch mein Wissen über Sitten, Etikette und Ansichten moderner Menschen in fremden Ländern verbessere ich ständig – durchs Lesen von Kriminalromanen und Thrillern. Besonders wenn sie von einheimischen Autoren geschrieben wurden, erzählen sie mehr Interessantes über Land und Leute als jedes Soziologiebuch. Und sehr viel angenehmer zu lesen sind sie auch.

Bleiben Sie bei Ihren Klischees! Bayern sind grantig, Bulldoggen bissig, Männer, die mit Hut Auto fahren, gefährlich – Klischees vereinfachen das Leben. Weil sie uns vor Gefahren warnen, ohne dass wir lange darüber nachdenken müssen. Und: Weil wir die Ausnahmen, also alles, was unseren Klischees widerspricht, sofort und aufmerksam zur Kenntnis nehmen. Wer an das Klischee glaubt, dass er auf Gesprächsbeiträge von blonden Frauen nicht achten muss, weil sie sowieso nur dummes Zeug reden, wird jede intelligente Blondine sofort beachten – und sich ihren Namen merken.

Solche Verallgemeinerungen täglicher Erfahrung (Witze werden schnell als allgemeine Erfahrung abgebucht, auch wenn sie statt eines Klischees eine Ausnahme schildern) vereinfachen die Denkarbeit. Sie ermöglichen Vorsicht ohne Zeitverzögerung – und positive Überraschung, wenn das »Vorurteil« widerlegt wird.

Haben Sie auch schon einen Bleistiftbecher? Neben dem Telefon zum Beispiel? Ich habe mehrere. Überall, wo ich mal etwas aufschreiben muss. Zusammen mit Papierblöcken. In der Küche, neben dem Bett, am Telefon natürlich. Dafür werden von Zeit zu Zeit ganze Packungen von Schreib- und Bleistiften gekauft. Damit immer mehrere bereitstehen – zusammen mit je einer Schere. Weil beides so gern verschwindet, in ein Paralleluniversum oder in Ecken, die allenfalls Frühjahrsputzerinnen zwischen zwei Umzügen anschauen.

Wussten Sie schon?

Leerräume und freie Flächen (auf Regalen, in Schränken, auf dem Fußboden) saugen Schrott an. Deshalb lohnt sich ein Frühjahrsputz. Um wegzuwerfen.

Lösen Sie Ihre Sammlungen auf. Viele machen nach einigen Jahren mehr Arbeit als Freude. Nehmen wir an:

Jemand hat Ihnen irgendwann einen Elefanten geschenkt. Ein zweiter sieht ihn, sagt: »Ach, du magst Elefanten?«, und liefert zum Geburtstag den nächsten. An Weihnachten kommt der dritte. Eines Tages sind Sie, ohne es gemerkt zu haben, vom Offen-für-alles-Menschen zum Elefanten-Fan und Besitzer einer Sammlung mutiert. Die braucht nicht nur Platz, sie muss auch abgestaubt werden. Und sie verführt alle, die Ihnen etwas schenken wollen, zum Kauf von weiteren Elefanten. Obwohl Sie inzwischen lieber Versteinerungen sammeln würden.

Die Auflösung einer alten Sammlung, von Postkarten über Kitschfiguren bis zu kostbaren Antiquitäten, kann das Leben sehr vereinfachen, weil sie nicht nur in Schränken und auf Regalbrettern Platz schafft, sondern auch im Gehirn. Raum für neue Ideen.

Setzen Sie auf Newsletters und Internet statt auf Zeitungen. Zeitsparer (der wichtigste Schritt zum einfachen Leben ist das Einsparen von Zeit für Überflüssiges) verzichten auf das Lesen von Zeitungen und Magazinen. Sie loggen sich auf den entsprechenden Web-Sites ein, abonnieren Internet-Newsletters, melden ihre Spezialinteressen an den Anbieter und lassen sich nur noch mit den Infos beliefern, die sie wirklich interessieren.

Letzteres kann ich persönlich nicht empfehlen. Wer sich (wie ich) gern überraschen lässt von neuen Trends und Fakten, von denen man vorher gar nicht ahnte, dass sie interessant sein könnten, profitiert mehr von Intelligenz und Neugier der schreibenden Journalisten als von der Internet-Software, die die digitalen Datenpakete zusammenstellt.

Wussten Sie schon?

Internetsurftouren sind keine Entschuldigung für vergessene Anrufe, denn der daraus resultierende Ärger erschwert das Leben mehr als Führung und Pflege eines Terminplanes.

Alles hat seinen Platz. Wo liegt Ihre Bedienungsanleitung für den Videorecorder? Direkt unter ihm? Dafür ist sie zu dick? Dann gönnen Sie ihr und anderen Bedienungsanleitungen wenigstens eine Spezialschublade. Sonst suchen Sie sich jedes Mal dusselig, wenn Sie wieder vergessen haben, wie Sie die Aufnahme des Arte-Kunstberichts oder der Late-Night-Erotic-Show einprogrammieren können.

Neid ist gesund. Soziologen behaupten: Wir leben in einer Neidgesellschaft. Wenn wir dem Nachbarn nicht sein dickeres Auto neiden, dann bestimmt der Kollegin die schnellere Karriere. Oder der Freundin ihren widerspruchsfreien Partner. Schlimm? Nein, eine Lebensvereinfachung, denn Neid kann zweierlei: uns anspornen, um ebenso wohlhabend, erfolgreich oder glücklich zu werden wie die Beneideten. Er kann uns aber auch zum Nachdenken bringen – über eigene Wünsche und damit zu der Frage: Will ich das eigentlich, um das ich andere hier so spontan beneide? Ein teures Auto, bei dem jeder Kratzer im Lack meiner Seele wehtut? Die Verantwortung, die Karrieresprünge mit sich bringen? Einen so langweiligen Ehemann?

Gönnen Sie Schlüsseln ein Zuhause. Die (meist) barock geformten Schlüsselbretter, die es einst in allen Wohnungen gab, sind aus der Mode gekommen. Schade eigentlich, sie waren praktisch. Jetzt liegt der Kellerschlüssel oft woanders als der für die Abstellkammer, und Wohnungs- oder Autoschlüssel landen beim Nachhausekommen – irgendwo. Und werden morgens verzweifelt gesucht.

Das Antisuch- und Simplicity-Rezept: Werden Sie zumindest in Bezug auf Schlüssel zum Gewohnheitstier. Gönnen Sie ihnen einen festen Platz – und üben Sie, sie immer dorthin zu legen.

Bei mir funktioniert das nicht jeden Tag, obwohl im Flur eine schöne Schale als Schlüsselauffangstation dient. Seit es sie gibt, klappt es aber immer öfter.

Keine Angst vor Langeweile. Britische Studien haben gezeigt, dass jene Kinder am kreativsten sind, die sich von Zeit zu Zeit langweilen. Weil ihre Nachmittage nicht mit Terminen ausgefüllt wurden. Wenn sie montags zum Klavierunterricht müssen, dienstags zur Ballettstunde, mittwochs zum Nachhilfelehrer für Mathematik und donnerstags zum Schwimmverein leidet ihre Fantasie. In ihrer freien Zeit reicht die Energie dann nur noch fürs Fernsehgucken.

Ähnliches gilt für Erwachsene. Jeder braucht Zeit zum Nichtstun. Derweil lädt sich das Fantasiepotenzial auf. Ohne bewusste Anstrengung. Wenn wir uns dann irgendwann wirklich langweilen, ist es hoch genug, um Ideen zu liefern. Und wir haben die Energie, um sie in die Tat umzusetzen.

Buchführung fürs Glück, wenigstens einen Monat lang. Schreiben Sie jeden Abend auf, welche Tätigkeiten Ihnen im Lauf eines Tages wirklich Spaß gemacht haben und welche nur nervten. Und alle banalen, aber unvermeidlichen wie die Fahrt zur Arbeit, der Einkauf von Brot und Butter, das Gespräch mit Ihrem Kind über seine neueste Musikvorliebe. Machen Sie es, ohne Zeit für längere Überlegungen aufzuwenden. Die brauchen Sie erst nach einem Monat. Dann können Sie beim Nachlesen nämlich feststellen, was sich gelohnt hat und worüber Sie sich ärgerten. Ganz besonders: Welcher Zeitaufwand vermeidbar gewesen wäre. Und wie man ihn auf Dauer vermeiden kann.

Beispiele gefällig?

- Wollen Sie Ihre Tochter einmal pro Woche zum Geigenunterricht fahren, obwohl sie keine Lust darauf hat? Lohnt sich der Zeit- und Streitaufwand für beide?
- Könnten Sie nicht einmal pro Woche einkaufen statt täglich? Und Ihr Partner sich selbst das frische Obst mitbringen, das er sich jeden Morgen auspresst?
- Wollen Sie weiter zum Yogakurs, obwohl Sie zu faul sind, um täglich die empfohlenen 20 Minuten zu üben?
- Bringt Ihnen der Abend mit dem Frauennetzwerk genug, um dafür regelmäßig mehrere Stunden zu opfern?
- Wären Sie mit Bahn oder Bus vielleicht schneller und stressfreier im Büro als mit dem Auto?

Wir leben – meistens – in unserem Alltagstrott vor uns hin. Wir träumen von mehr Glück, mehr Geld, mehr Liebe, mehr Zeit. Wer sich letztere zum Aufschreiben nimmt, wenigstens vier Wochen lang, kann sein Leben zumindest optimieren. Indem er alles über

Bord wirft, was die Nerven strapaziert, statt sie zu streicheln. Wenn man dann noch darüber nachdenkt, ob die eigenen Träume eigentlich realisierbar sind, wie sie tatsächlich verwirklicht werden könnten, und den ersten Schritt hierzu nicht länger aufschiebt – dann kommt man einem hohen Glücksquotienten schon ziemlich nahe.

Wussten Sie schon?
Ordnung in Steuer- und Versicherungsunterlagen spart mehr Zeit, als die saubere Führung der Ordner kostet.

Haben Sie eine »Weiß-noch-nicht«-Schublade? Ich liebe meine, weil ich da alles reinwerfe, bei dem ich mich noch nicht zwischen Wegwerfen und Aufheben entscheiden kann. Computerkabel, ältlich gewordenen, aber noch brauchbaren Modeschmuck, hübsche Werbegeschenke. Für interessante (aber so gut wie nie benützte) Internetadressen gibt's eine eigene Ecke darin. Wenn ich mich irgendwann einmal wirklich langweilen sollte, wird aufgeräumt. Spätestens beim nächsten Umzug.

Wussten Sie schon?
Umzüge sind die ideale Gelegenheit, um gründlich zu entrümpeln!

Nicht empfehlenswert: Aufheben von Weihnachtspapier. Außer Sie bügeln gern Papier, denn das ist fast immer notwendig. Klar, es ist eine grässliche Verschwendung, wenn all die wunderschön bedruckten und teuren Einwickelbogen im Abfall landen, aber – Aufheben lohnt sich nicht. Weil sie nie wirklich frisch aussehen und damit einen schlechten Eindruck auf den machen, für den Sie damit ein Geschenk einpacken wollen.

Und wenn die Kinder schreien: Schmeißen Sie ihr Spielzeug weg, sobald sie darüber hinausgewachsen sind. (Abgesehen von Schmusetieren – sie werden meist auch dann noch geliebt, wenn

Ohren fehlen und das Fell abgerieben wurde.) Mütter vereinfachen das Aufräumen von Kinderzimmern erheblich, wenn sie altes und seit Monaten nicht mehr »benutztes« Spielzeug mitleidslos entsorgen. Erst recht, wenn die erwachsen gewordenen Kinder das Haus verlassen und der Keller voll steht mit alten Eisenbahnen, erschöpften Puppen oder eselsohrigen Kinderbüchern. Weg damit!

Wussten Sie schon?
Schlafzimmertüren sind wichtig, weil sie Faulen das tägliche Bettenmachen ersparen.

Nicht empfehlenswert: Streit um einen »gestohlenen« Parkplatz. In der Zeit, in der Sie sich mit dem Parkplatzräuber streiten, hätten Sie längst einen neuen gefunden.

Seien Sie nett zu Polizisten. Nicht nur weil die zu Ihrem Schutz da sind, sondern weil Sie dann auch selbst nett behandelt werden. Mir ist es schon gelungen, durch entsprechende Demutsgesten (den Fehler sofort zugeben, sich entschuldigen) einer Alkoholkontrolle zu entgehen, ein Ticket wegen falschem Abbiegen abzuwenden und den zu Hause vergessenen Führerschein zu erklären (statt ihn am nächsten Tag in der Polizeiwache vorzeigen zu müssen).

Gönnen Sie sich ein Satellitensuchsystem im Auto, wenn Sie oft in fremden Städten unterwegs sind. Die digitalen Straßenkarten ersparen unendlich viel Stress und Zeit. Schenken Sie Ihrem Partner eine: Männer fragen höchst ungern nach dem Weg, lassen sich aber von Computern gern leiten.

Nicht empfehlenswert: Ärger über kleine Autobeulen oder Lackkratzer. Betrachten Sie beides als Individualisierung Ihres Wagens. Die Beule in meinem rechten Kotflügel erinnert mich an einen Ausflug nach Sylt, auf dem ein Westerländer Straßenpfosten meinen Schwung bremste. Die Kratzer an der linken Tür stammen von Kindern, die sich mit Autowaschen Geld verdienen wollten und es zu gut meinten. Die Beule auf der Heckklappe verursachte der letzte Weihnachtsbaum. Soll ich mich darüber ärgern? Nein. Ich folge lieber den Sitten feiner Engländer, die Dinge mit Gebrauchsspuren höher schätzen als Neues. Weil Altes eben Stil hat.

Übrigens: Die wenigsten Männer haben für diese Lässigkeit gegenüber Autolack Verständnis. Kümmern Sie sich nicht darum. Ihr Auto bekommt durch solche Schönheits-»Fehler« Persönlichkeit, seines bleibt in seiner Makellosigkeit durchschnittlich.

Die großartigste Erfindung fürs einfache Leben: die Geschirrspülmaschine. Nicht nur für vielköpfige Familien. Selbst für Singles. Weil die Küche dank ihrer Hilfe immer einigermaßen aufgeräumt aussieht.

Baden statt Duschen. Nichts entspannt so sehr wie ein langes Bad in duftendem Schaum. Ich lese während des Badens (Liebesromane oder Krimis, die den Geist nicht herausfordern), aber lautes Singen ist auch gut für die Wellness. Oder Träumen. Oder bewusst spüren, wie heißes Wasser dem Körper gut tut.

> **Wussten Sie schon?**
> Für ein Lächeln müssen Sie weniger Gesichtsmuskeln bewegen als für den Grimmigblick.

Nicht empfehlenswert: bei der Steuer tricksen. Zumindest wenn Sie von Natur aus ein ehrlicher Mensch sind. Das schlechte Gewissen, die Angst vor Steuerprüfung und Strafen kostet mehr Kraft als die zähneknirschende Bezahlung des Verlangten. Simplicity-Sucher gehorchen Gesetzen. Nicht weil sie »moralischer« sind als andere, sondern weil dieser Gehorsam Stress erspart.

Werfen Sie schlechte Fotos weg! Zumindest wenn Sie nicht zu den bewundernswerten Ordnungsfans gehören und die Fotos gleich nach dem Filmabholen in Mappen einkleben und beschriften. Die meisten Leute, die ich kenne, horten ihre Fotos in Schuhkartons oder Schubladen. Und wenn sie ein bestimmtes Bild suchen, wird der ganze Kasten auf den Fußboden gekippt. In Ordnung, aber:

Wer gleich nach dem Entwickeln alles in den Papierkorb sortiert, was nicht wirklich scharf oder schön ist, braucht weit weniger Platz. Und findet Gesuchtes schneller.

Mögen Sie das Souvenir von vorvorgestern noch? Jeder Mensch sammelt. Mehr oder weniger viel. Den Stein, den der erste Freund einem einst in die Hand drückte. Die Muschel vom letzten Aufenthalt am Meer. Der erste kleine Schuh der Tochter. Der erste Zahn des Sohnes. Die Weihnachtskarte vom One-Night-Stand.

Alles weckt sentimentale Erinnerungen. Immer noch? Jedes Mal wenn es Ihnen in die Hand fällt? Oder wird das Souvenir nur gleichgültig aus dem Weg geräumt, wenn Sie etwas anderes suchen? Statt ein Lächeln auf Ihr Gesicht zu zaubern? Dann wird es Zeit, sich davon zu verabschieden. Weil Sie ein ganz anderer Mensch geworden sind. Warum wollen Sie sich (und den Platz in Ihrer Wohnung) weiter damit belasten?

Wussten Sie schon?
Jeder Erwachsene besitzt rund 10000 Gegenstände. Davon braucht er regelmäßig höchstens ein Drittel.

Was Sie alles wegwerfen können: Reisekataloge, die über ein halbes Jahr alt sind; Kochrezepte, die Sie noch nie nachgekocht haben; Knöpfe für lange aussortierte Hosen oder Kostüme; Ihre Visitenkarten mit der alten Adresse; Artikel mit Fitnessempfehlungen, denen Sie doch nie folgen werden; die alten Skier, die Sie seit Jahren nicht mehr aus dem Keller geholt und angeschnallt haben; Gebrauchsanleitungen für Geräte, bei denen

Sie die zwei Funktionen, die Sie benötigen, auswendig einstellen können; Computerhandbücher, die Sie nicht verstehen; Poster aus Ihrer revolutionären Jugendzeit; die Korrespondenz mit dem Vermieter Ihrer vorletzten Wohnung; ungeschriebene Postkarten aus den letzten Urlauben auf Bali und in Berlin; Garantieurkunden von längst entsorgten Geräten; Ordner, deren Mechanik klemmt; Schuhe, die Sie seit einem Jahr nicht mehr angehabt haben …

Keine Angst vorm Überangebot! Zehn Sorten Waschmittel, ein Dutzend Essigarten, eine Großauswahl an Konfitüren, Senfaromen oder Pizzapackungen. Schlimm, sagen Soziologen: Die Auswahl überfordert den Menschen. Ich sage: Unsinn. Das Einzige, was wir tun müssen, um nicht wie ein Esel vor hundert Heuhaufen zu stehen: Wir müssen unsere Angst vor einem nicht ganz optimalen Einkauf vergessen. Und wir können das, denn die Qualität der Waschmittel wie der Tiefkühlangebote ist gleichmäßig hoch. Das heißt: Sie können gar nichts verkehrt machen, wenn Sie einfach die Packung nehmen, die Ihnen am besten gefällt – und im Lauf der Jahre etliches durchprobieren, um herauszubekommen, was am besten schmeckt oder die Flecken besonders gut entfernt.

Stapeln Sie tief. Falls Sie ein Sammler und Horter sind und sich mit dem Wegwerfen schwer tun – setzen Sie sich für Ihre Zeitschriften-, Bücher- und sonstigen Stapel eine Höhengrenze. Wächst der Berg über Fußhöhe (meinetwegen: Fuß im Stiletto-Schuh) werfen Sie die untere Hälfte einfach weg. Oder sortieren Sie sie zumindest.

Jeden Monat ein »schwarzes Loch«. Nehmen Sie sich beim »Klar-Schiff«-Machen Ihrer Wohnung nicht zu viel auf einmal vor. Wenn Sie Ihre Lust auf Lebensvereinfachung einmal pro Monat dem Aufräumen einer Chaosecke widmen, reicht das völlig.

Wussten Sie schon?

Fürs Ordnunghalten brauchen Sie nur drei Regeln zu befolgen:

1. Alles sofort zurücklegen, was irgendwo heraus-, herunter- oder weggenommen wurde.
2. Nichts auf dem Boden liegen lassen.
3. Alles, was kaputtgeht, innerhalb von einer Woche reparieren lassen – oder wegwerfen.

Nicht empfehlenswert: hektisches Suchen. Es ist viel effektiver, sich in den bequemsten Stuhl zu setzen, dreimal tief durchzuatmen und sich zu überlegen: Wo habe ich das Gesuchte das letzte Mal gesehen? Erst dann wird das Zimmer systematisch abgesucht, Ecke für Ecke.

Nicht empfehlenswert: die Suche nach der perfekten Simplicity. Es gibt sie nicht. Wer danach strebt wie ein Zen-Mönch nach der Erleuchtung, macht sich das Leben schwer statt leicht. Jeder hat einen »blinden Fleck«, wenn's um Perfektion geht. Im Beruf, im Alltagschaos, in der Partnerschaft. Gut, wenn Sie ihn kennen und sich selbst auf Bestnoten trimmen wollen. Schlecht, wenn Sie sich dabei Ihre Lebensfreude verderben. Meine Empfehlung: Haben Sie mit sich und Ihren Fehlern mindestens so viel Mitleid wie mit einem unmusikalischen Kind beim Klavierunterricht.

Wussten Sie schon?

»So gut wie nötig« ist der Lebensfreude bekömmlicher als »so gut wie möglich«.

Schreiben Sie Pflichtlisten – und feiern Sie alles Erledigte. Ich mache das jeden Abend. Und genieße 24 Stunden später das wohlige Gefühl beim Ausstreichen. Noch ein Trick: Markieren Sie die Terminpflichten. Mit buntem Marker, Sternchen oder

Unterstreichungen. Fangen Sie mit dem Abarbeiten gleich am nächsten Morgen an. Der Kleinkram mit weitem Zeithorizont wird dann auf die nächste Liste übernommen. So wird er zwar nicht erledigt, aber auch nicht vergessen.

Delegieren Sie! Übergeben Sie jede Aufgabe, die Sie nicht unbedingt selbst erledigen müssen, an andere. Sie haben niemanden, an den Sie delegieren könnten? Denken Sie nach! Müssen Sie immer dafür sorgen, dass die Betten gemacht werden, oder kann das – beispielsweise im wöchentlichen Wechsel – nicht auch der Partner erledigen? Kann Ihr Kind nicht schon selbstständig sein Geschirr in die Spülmaschine stellen oder seine Wäsche in die Waschmaschine stecken? Gibt es wirklich keine Anfänger unter Ihren Kollegen, die vielleicht dankbar dafür wären, wenn sie sich an kleineren Aufgaben beweisen dürften?

Überprüfen Sie Ihre Rituale. Jeder von uns hat welche. Zum Frühstück MUSS die Tageszeitung gelesen werden. Oder Erdbeermarmelade auf dem Tisch stehen. Im Büro MUSS als Erstes Kaffee gekocht oder das Alpenveilchen auf Blattläuse kontrolliert werden. Abends MUSS man sein Glas Wein oder Bier oder Sherry trinken, um zu entspannen. Nichts gegen solche Gewohnheiten, aber: Klappt das Ritual nicht, lassen sich die meisten dadurch für Stunden die Laune verderben. Als ob es ein schlechtes Omen wäre. Muss das sein?

Besitzen Sie eine Saugglocke? Auch wenn sie im besten Fall jahrelang irgendwo rumliegt – sind Klo oder Waschbeckenabfluss verstopft, ist sie die erste Reparaturwahl. Selbst vom Ungeschicktesten einfach anzuwenden und viel billiger als jeder Sanitärhandwerker.

Pflegen Sie Ihre Nachbarn. Lebensvereinfacher brauchen sie – auch wenn sie keine Blumen haben, die im Urlaub von irgendwem gegossen werden müssen. Gut gepflegte Nachbarn tragen erheblich zur Simplicity bei. Weil sie sich nicht beschweren, wenn Ihre Party mal laut wird, Ihre Pakete annehmen, wenn Sie unterwegs sind, dem Single helfen, wenn der mal zu krank zum Einkaufen ist. Das alles wiegt die Zeit auf, die für den Hausklatsch auf der Treppe »verschwendet« werden muss.

Wussten Sie schon?
Auch für Nachbarschaftsstreit gibt es heute so genannte »Mediatoren«. Sie vermitteln, bevor es zum Prozess kommt. Fragen Sie Ihr Amtsgericht oder den Rechtsanwalt.

Wie wär's mit Tanzen? Und Singen? Ganz allein zu Hause? Zur Lieblings-CD? Ich verdanke den Tipp einer Freundin, die mit Mitte 40 beschloss: Ich nehme Gesangsunterricht. Weil ich früher gern gesungen habe, weil Gesang die körperliche Fitness erhöht, Stress abbaut und der Seele gut tut.

Seitdem singe auch ich wieder. Im Auto laut vor mich hin. Und zu Hause. Außerdem tanze ich. Zu Händels »Feuerwerkmusik« und den Hip-Hop-Songs meines Sohnes. Dabei fühle ich mich zwar ein bisschen lächerlich, aber danach sehr erholt.

Übrigens: Singen hilft auch gegen Angst. Wirklich. Wer schon mal in dunklen Kellern gepfiffen hat, weiß das längst, aber jetzt wurde es auch wissenschaftlich bewiesen. Durch Singen wird das Zwerchfell in Schwingung versetzt und so das Sonnengeflecht aktiviert. Da das die Empfindlichkeit der Nerven reguliert, bekommen Sänger (egal wie misstönend sie krächzen) einen klaren Kopf – weil die Sauerstoffzufuhr im Gehirn steigt und blockierte Nerven sich entspannen.

Schwindeln Sie ruhig – oder lügen Sie richtig. Immer die Wahrheit zu sagen hat zwar einen hohen moralischen Wert, es erschwert aber das Leben und verletzt womöglich andere. Unnötigerweise.

Ich plädiere dafür, »freundliche Lügen« aus dem Moralkanon herauszunehmen und zu erlauben. Niemandem ist damit gedient, dass ich ihm ehrlich sage, wie lästig, blöd, hässlich oder nervig ich ihn finde. Von »political correctness« mal abgesehen, erschweren solche Wahrheiten das Leben des Gesprächspartners. Und auch mir geht es nicht besser, weil ich nämlich mit seinem Zorn fertig werden muss.

Ich sage auch sonst nicht immer die Wahrheit. Warum sollte ich eine Bekannte damit schocken, dass mich ihre Jammertiraden über die bösen Männer langweilen? Ich kann ihre Einladung zum Wein doch auch mit der »Lüge« ablehnen, dass ich – leider! – zur Zeit zu gestresst und zu müde bin.

»Freundliche Lügen« erleichtern das Leben. Sie sind nicht nur ein Zeichen von Höflichkeit und Rücksichtnahme auf das Seelenglück von Kollegen, Verwandten und Bekannten. Sie überbrücken Stolpersteine, statt – wie die nackte Wahrheit – ihre Hindernisfunktion zu verstärken.

Wussten Sie schon?
Lachen senkt den Blutdruck, dämpft Schmerzen, fördert das Immunsystem und die Verdauung. Verschreiben Sie es sich selbst. Dreimal täglich mindestens.

Pflegen Sie Ihr Netzwerk. Es besteht nicht nur aus Freunden, Familie und Kollegen.

Dazu gehört auch der Mann im Kiosk, bei dem Sie Ihre Zeitung kaufen, die Kassiererin im Supermarkt, Ihre Bankberaterin und vielleicht sogar der Postbote (wenn Sie wie ich zu Hause arbeiten, ist der wichtig!). All diese Menschen tragen zu Ihrer Lebensleichtigkeit bei – oder erschweren Ihr Dasein, wenn sie muffig oder abweisend sind. Und alle sind bereit, Ihnen zu helfen, wenn Sie darum bitten. Als ich mir mal ein Bein gebrochen hatte und nur auf Krücken humpeln konnte, brachte der Postbote mir Futter für meinen Siamkater Shogun mit, der Kioskmann abends die Tageszeitung vorbei, die Bankberaterin das nötige Kleingeld.

Nicht empfehlenswert: der Anwesenheitskult. Er beherrscht viele Angestellte. Sie glauben, es mache einen guten Eindruck, wenn sie jeden Abend länger am Schreibtisch sitzen als befohlen. Sie finden: Allein ihre Anwesenheit kennzeichne sie als Fleißbienen.

Machen Sie bei diesem Kult ums bloße »Hiersein« nicht mit, wenn Sie Ihr Leben vereinfachen wollen. Sie stehlen sich damit Zeit, die Sie für Lebensgenuss übrig haben könnten.

Ob der Chef dann nicht das Gefühl bekommt, Sie hätten kein Interesse an der Arbeit? Im Gegenteil: Er sieht Ihre Kompetenz. Weil Sie innerhalb der Dienstzeit Ihr Arbeitspensum bewältigen.

Wussten Sie schon?
Die gute alte Zeit war nicht stressfreier als das Heute. Statt Hetze gab's Hungerzeiten, statt Karriereangst unheilbare Krankheiten, statt Single-Einsamkeit die Verachtung des Dorfes, wenn man mit 23 noch nicht verheiratet war. Nur »Stress« gab's nicht, denn das Wort wurde erst vor rund 70 Jahren aus der Messtechnik in unseren allgemeinen Wortschatz übertragen.

Rollen Sie die Reisekleidung ein. Wer Röcke, Blusen und Pullover vorsichtig zusammenrollt, hat beim Ankommen und Auspacken viel weniger Krumpelärger als der Zusammenfalter. Außerdem geht's schneller.

Vergessen Sie Ihr Bargeld. Machen Sie es Taschendieben schwer. Fast überall können Sie heute mit Karte bezahlen oder sich die Fremdwährung mit Karte von einer einheimischen Bank holen. Bares in der Landeswährung brauchen Sie nur für das erste Taxi oder den ersten Kaffee im Urlaubsland.

Nicht empfehlenswert: sich seiner frechen Kinder zu schämen. Es hilft doch nichts. Überall werden Sie böse Blicke ernten, wenn Tochter oder Sohn mal laut rufend durch den Flughafen rennen, beim Essen im fremden Restaurant kleckern oder nicht sitzen bleiben wollen. Machen Sie sich nichts daraus. Sie kennen die Böse-Blicke-Werfer und Auf-Kinder-Schimpfer doch gar nicht, werden Sie nie wiedersehen. Warum also sollten Sie sich Ihrer Kinder wegen schlecht fühlen? Und wenn Sie jemand unfreundlich anspricht, fragen Sie ihn einfach: Waren Sie als Kind immer brav? Das stopft den meisten den Mund.

Wussten Sie schon?
Zwei kleinere Koffer sind auf Reisen besser zu handhaben als ein großer. Und wiederum ein kleiner erleichtert das Leben mehr als zwei.

Für lange Strecken – lieber gammelig als unbequem. Viele Urlauber ziehen sich auch für Langstreckenflüge »fein« an. Sie wollen ja einen guten Eindruck auf die Mitreisenden machen.

Ich finde: Das lohnt sich nicht. Die kennen einen doch gar nicht!

Ich mache es mir stattdessen bequem – in alten, ausgelatschten Schuhen, in weiten Hosen und superlässigen Pullis. Damit ernte ich zwar den einen oder anderen »schiefen Blick«, aber das ist mir meine »Flight-Wellness« wert.

Nicht empfehlenswert: Umweltschutz, oder doch? Sicher ist: Simplicity-Frauen finden Müll trennen, leere Flaschen für Glascontainer sammeln und Altpapier sortieren lästig. Zu Recht. Einfach wegwerfen ist viel leichter. Aber: Lebensvereinfachung sollte nicht gar zu sehr auf Kosten anderer gehen …

Sehr empfehlenswert: Moral, denn sie ist ein wunderbares Ruhekissen. Und ein Charakterschmeichler. Bettlern Geld geben, fürs

Blindenwerk spenden, nicht lügen (oder nur im Notfall), betrügen, stehlen oder gemein sein (mehr als unvermeidbar) ermöglichen uns unumschränktes Eigenlob und vereinfachen das Zusammenleben mit Familie und Nachbarn immens. Deshalb lohnt sich eine gute Moral – auch wenn sie spontan manch eine Lebenserleichterung unmöglich macht.

Wussten Sie schon?

»Don Quijote«, der über 400 Jahre alte Roman des Spaniers Miguel Cervantes über den Kampf eines Ritters gegen Windmühlenflügel, wurde von Schriftstellern aus 54 Ländern zum »besten Buch der Welt« gewählt.
Machen Sie sich nichts daraus, wenn Sie es nicht kennen. Simplicity-Frauen besitzen Mut zur Lücke – und wenn sie mitreden wollen: Besorgen Sie sich ein Literaturlexikon, in dem Sie die wichtigsten Facts nachlesen können.

Beruf

Raus aus der Rattenjagd

Wie Meerschweinchen, Hamster oder Laborratte im Laufrad, so rasen wir durchs Berufsleben. Im Karussell von Terminen, Pflichten und Aufgaben. Die meisten von uns treibt nicht, wie oft behauptet, die Karrieregier. Doch viel häufiger ist es der Kampf ums annehmbar gefüllte Konto. Kann, darf, soll man sich im Beruf das Leben leicht machen? Wir müssen! Oder leben Sie wirklich nur, um zu arbeiten?

Nicht empfehlenswert: Arbeit auf den letzten Drücker. Einige Menschen reden sich ein, dass ihr Gehirn nur unter Termindruck optimal funktioniert, erst wenn der Stress von Null auf Hundert geklettert ist. Das mag vorkommen. Viel einfacher ist es jedoch (und auf Dauer auch gesünder), wann immer es geht, einen Zeitpuffer einzubauen. Im Notfall einmal Nachtarbeit machen, um alles ausnahmsweise lange vor dem Abgabetermin zu erledigen.

Wer diesen Vorsprung einmal erreicht hat und wahrt, schont seine Nerven. Und das Gehirn, das sich daran gewöhnt, kann wieder ganz ohne Terminstress mit Ideen spielen – und eine Auswahl präsentieren, wenn der selbst gesetzte Termin näher rückt. Und wenn nicht? Dann gibt's immer noch das privat eingeplante Zeitpolster.

Häufchenbauer halten Ordnung. Die meisten Menschen sind nicht ordentlich. Deshalb gibt es Tausende von Trainern, die Chaoten gute Arbeitssysteme beibringen wollen. Meist nur mit kurzfristigem Erfolg, weil unsere Glücksträume nicht von Firmenvorschriften und Managementtheorien handeln, sondern von Faulheit. Und die Abneigung gegen das Aufräumen bei fast allen stärker ist als der Wunsch nach einem ordentlichen Arbeitsplatz.

Mein Rat: Schaffen Sie sich Ihr eigenes Ordnungssystem, so einfach wie möglich, so durchhaltbar wie nötig. Lassen Sie sich ein dickes Fell wachsen, das Missbilligung von anderen (auch von Chefs) so gut abhält wie das des Eisbären Kälte.

Mein privates Ordnungssystem nenne ich »häufeln«. Es besteht aus Einzelhäufchen für jeden Auftrag, den ich bearbeiten muss. Schritt Nummer eins vom Chaos zu meiner Privatordnung war der Kauf eines Zusatztisches, damit die Stapel nicht zu Stolpersteinen auf dem Fußboden wurden. Bei anderen dient eine zusätzliche Hängeregistratur demselben Zweck. Computerfreaks installieren digitale Ordnungsprogramme.

Wie auch immer: Kalkulieren Sie in einer stillen Stunde Ihren Platzbedarf (auch im Computer) und die Chancen, mehr Platz zu bekommen. Schließen Sie einen Kompromiss zwischen beidem – und halten Sie sich so lange an Ihr persönliches Ordnungssystem, bis Ihnen ein besseres einfällt.

Wussten Sie schon?
Der größte Vorteil von Schränken und Hängeregistern: Niemand sieht Ihre Unordnung.

Vitamin B – fürs Gehirn. Warum greifen, zum Beispiel, so viele Köche zu Kokain? Nicht für den Glückskick, sondern um ihren Superstressjob besser durchzuhalten. Chefetagenbewohner sollen ebenfalls gute Abnehmer sein. Wie dumm, denn es gibt etwas viel Gesünderes:

Vitamin B_{12}. Das bekommt man rezeptfrei in der Apotheke, und es regt das Gehirn – auf sanfte Weise! – fast ebenso gut zum Durchhalten und Ideenfinden an. Ohne den scharfen Drogenkick, aber sehr wirksam. Und ohne zu schaden.

Wer Reden hält, braucht Wasser! Sie müssen eine Rede halten? Stellen Sie sich auf jeden Fall ein Glas Wasser aufs Rednerpult. Nicht gegen plötzlichen Durst, sondern als Überbrückungshilfe, wenn Sie den Faden verlieren oder sich in Ihrem Manuskript verirrt haben. Der Griff nach dem Wasserglas wirkt souverän, gibt Ihnen Zeit zum Nachdenken und überbrückt Gedächtnislücken. Und kein Zuhörer merkt, dass er eine Verlegenheitslösung ist.

Wer steht, schwätzt nicht. Oder zumindest weniger. Deshalb gibt es Firmen, da finden sich keine Sitzgelegenheiten in den Konferenzzimmern. Weil sich herumsprach:

Wer stehen muss, fasst sich kurz und verzichtet auf Selbstdarstellung nach dem Motto »Ihr sollt erst mal alle merken, was für ein großartiger Kerl (oder was für eine fantastische Frau) ich bin«. Konferenzen, die sonst Stunden dauern, werden in Minuten erledigt, Diskussionen auf Kernbeiträge abgekürzt.

Auch beim Bürogespräch lohnt es sich für den Empfangenden (wenn er wenig Zeit hat), aufzustehen und dem Hereinschneier keinen Platz anzubieten. Wetten, das Gespräch wird sich auf Frage und Antwort beschränken und den ganzen sonst üblichen Kaffeeklatsch à la »Der Chef hat gesagt …« oder »Wie war denn Ihr letzter Urlaub?« aussparen.

Wussten Sie schon?

Alle Zuhause-Arbeiter geben in Umfragen als den größten Vorteil an: Sie schaffen weit mehr als im Büro. Weil lange (und oft unnötige) Gespräche mit Kollegen wegfallen.

Tür zu und bitte nicht stören. Managementberater empfehlen Chefs: Lassen Sie Ihre Tür offen, so dass jeder zu jeder Zeit hereinstolpern kann. So beweist man angeblich seine Zugänglichkeit und Aufgeschlossenheit gegenüber Mitarbeiterproblemen.

Tun Sie's nicht! Oder zumindest nicht immer. Weder als Ober- noch als Unterboss. Sonst werden Sie ständig gestört und müssen immer wieder sagen: Tut mir Leid, bitte jetzt nicht! Das ärgert Mitarbeiter mehr als geschlossene Türen.

Meine Empfehlung aus langer Erfahrung: Lassen Sie die Tür offen, wann immer Sie an etwas arbeiten, das Unterbrechungen erlaubt – und gewöhnen Sie Ihre Mitarbeiter daran, dass die geschlossene Tür »Bitte nicht stören« heißt. Auch wenn kein entsprechendes Schild daran hängt.

Wer viel rumläuft, produziert viele Ideen. »Management by walking« nennen diesen Trend amerikanische Trainer, aber wichtiger als für die Bosse scheint das Herumlaufen und Miteinanderreden auf den unteren Hierarchieebenen zu sein. Laufstudien in Büroräumen und ihr Vergleich mit der Kreativität der Mitarbeiter ergaben:

Viele Gesprächskontakte vom Flur in die Zimmer und umgekehrt erhöhen die Gesamteffektivität eines Unternehmens. Weil beim Rumlaufen von Schreibtisch zu Schreibtisch aus einem »Was hältst du davon?« schneller eine neue Geschäftsidee wird, als wenn jeder allein vor sich hinbrütet. Außerdem bauen solche Flurgespräche Stress ab.

Sex mit dem Chef beschleunigt die Karriere. Nach wie vor und immer noch. Na klar, schief gehen können Büroaffären auch. Weil die junge Aushilfskraft aus dem Archiv die erhoffte Festanstellung nicht bekommt und den »Verführer« dann wegen sexueller Angriffe anzeigt. Oder weil plötzlich Liebe ins Spiel kommt und aus einer vielleicht versprochenen Scheidung nichts wird.

Trotzdem: Der Einsatz der eigenen Erotik kann langsames Karriereleiterklettern glatt in einen Karrieresprung verwandeln. Ob Sie dieses Werkzeug verwenden – Ihre Entscheidung.

Meine Empfehlung: Setzten Sie auf erotische Spannung, die Sex verspricht. Dann können Sie auf den Akt selbst verzichten. Und Sie ersparen sich den daraus oft resultierenden Ärger.

Wussten Sie schon?

Die beste Partnerschaftsvermittlung ist der eigene Arbeitsplatz. Bei beruflichen Gesprächen kommen sich mehr Menschen näher als in der Disco oder beim Sport.

Nicht empfehlenswert: das Mobbing der Konkurrentin. Nicht nur weil es gemein ist oder weil anständige Menschen so etwas nicht tun. Das auch. Für Simplicity-Sucher ist es zu anstrengend.

Und zu gefährlich. Weil der oder die Anklagende bei Mobbing-Prozessen immer die besseren Karten hat. Schließlich kann er oder sie sich als Opfer darstellen. Der Angeklagte muss dann zeigen, dass er kein Widerling ist. Eine Superanstrengung, die sich nicht lohnt.

Einfach liegen lassen! Erledigt sich von selbst! Manchmal stimmt das tatsächlich. Aber nur, wenn man einen guten Instinkt dafür entwickelt, was über ein Nicht-wichtig-Potenzial verfügt und hinter welchen Anforderungen Menschen stehen, die nicht nachgeben wollen, können oder dürfen. Deshalb sagt jeder Ordnungstrainer: Gleich erledigen macht den Kopf frei für Wichtiges. Recht hat er, aber einfacher ist das Berufsleben, wenn man sich nicht hetzen lässt und darauf hofft, dass mancher Ärger, einige Probleme oder Schwierigkeiten sich wirklich von selbst erledigen. Sie tun's.

Und wenn nicht? Machen Sie einen tiefen Entschuldigungs-Kotau und erledigen Sie, was sich auf der langen Abschiebebank unangenehm bemerkbar macht.

Nicht empfehlenswert: Fassen Sie jedes Papier nur einmal an. So steht's in jedem Buch über Simplicity im Berufsleben. Ein guter Rat, aber undurchführbar. Außer Sie werfen das betroffene Papier gleich in den Abfall. Für Normalarbeitnehmer gibt es wenig, was sich in einem Arbeitsgang erledigen lässt. Außer sie stehen am Fließband oder an einer Kaufhauskasse. Aber selbst dort gehören Vor- und Nachbereitungen zum Alltag. Nur Chefs können alles an Untergebene delegieren, was sie nur einmal anfassen wollen.

Für uns andere gilt: Wir sollten uns mit solchen Forderungen nicht selbst unter Druck setzen, sondern die Regel als anstrebenswertes Ideal betrachten, also (laut Lexikon) als »Inbegriff der Vollkommenheit«, die kaum ein Mensch je erreicht. Deshalb vergisst man solche Aufforderungen am besten ebenso schnell wieder wie das schon vor 20 Jahren versprochene »papierlose« Büro. Ideale sind Hoffnungssterne am fernen Horizont. Als Schlechtes-Gewissen-Macher wurden sie nicht erfunden.

Listen machen das Leben leicht. Und das Ausstreichen von Erledigtem ist Antistressmedizin höchster Qualität! Ich bin ein absoluter Listenfan. Fürs Einkaufen ebenso wie für alle beruflichen Arbeiten. Jeden Abend werden die Listen zum Abschluss des Arbeitstages kontrolliert und ergänzt. Oder – hurra, erledigt! – durchgestrichen.

Damit erreiche ich zweierlei: Ich behalte den Überblick und vergesse nichts. Und ich bereite mich abends geistig und seelisch auf den nächsten Tag vor. Ich sage meinem Gehirn, womit es sich bitte nachts beschäftigen soll, damit es mir am nächsten Morgen fertige Ideen liefern kann. Und siehe da: Das Gehirn gehorcht. Probieren Sie's aus.

Nicht empfehlenswert: ein glückliches Privatleben. Wirklich! Kanadische Studien ergaben, dass traurige Menschen besser arbeiten als glückliche. Sie machen weniger Fehler. Vielleicht haben Sie (wie ich) gedacht, dass privates Unglück auch im Beruf ablenkt. Tut es nicht. Im Gegenteil. Die berufliche Arbeit hilft, auf andere Gedanken zu kommen.

Nicht empfehlenswert: Besser sein als andere. Ja, richtig, damit können Sie Karriere machen. Aber: Ihre Kollegen empfinden es als rücksichtslos, wenn Sie immer besser sind als alle anderen. Sie werden eifersüchtig – und der viel gepriesene »Konsens« verwandelt sich in Konflikt. Einfachmacher zeigen deshalb eventuell vorhandene Überlegenheit nicht. Sie schützen sich vor Berufsstress durch Anpassung an den Durchschnitt. Ehrgeiz ist kein gutes Rezept fürs simple Leben.

Wussten Sie schon?

Ehrgeiz macht krank. Bei den meisten Männern, die einen frühen Herzinfarkt erleiden, ergaben Psychologenfragen, dass sie extrem ehrgeizig waren.

Bieten Sie knapp die Hälfte an. Wirtschaftssoziologen lassen ihre Testpersonen zur Zeit gern das so genannte »Ultimum-Spiel« spielen. Dabei geht's ums Handeln und um die Frage »Wie viel muss man einem Handelspartner anbieten, damit der die Offerte als fair empfindet?«. Die Antwort an Börsen und beim Gemüsehändler in Yokohama, New York und Posemuckel: knapp die Hälfte des erwarteten Preises. Wer weniger bietet, gilt als gierig, geizig und unfair, wer drüber liegt als dumm.

Das gilt übrigens nicht nur, wenn's um Geld geht. Auch Hilfsbereitschaft, kollegiale Unterstützung und Großzügigkeit beim Verteilen von Lob werden nach dem »Ultimum«-Maßstab beurteilt. Die knappe Hälfte des Möglichen ist in jedem Fall ideal. Nur dann ist der Empfänger von der Ehrlichkeit des Anbieters überzeugt.

Helfen Sie Ihrem Gehirn beim Denken: durch mitschreiben. Sie haben ein Problem zu lösen? Veranstalten Sie ein privates Brainstorming – und schreiben Sie alle Gedanken auf, die Ihnen durchs Gehirn schießen. Auch den Quatsch? Besonders den Quatsch, denn er gibt Ihren Denkneuronen neue Anstöße. Geben Sie nicht auf, wenn das Gehirn streikt, Ihr Zettel erst mal leer bleibt.

Jeder Sturm braucht Zeit, bis er loslegen kann, auch der »Brainstorm«. Sammeln Sie also erst mal die kleinen Gedankenböen. Kritisieren Sie sie nicht wegen zu großer Harmlosigkeit. Mit etwas Geduld wachsen sie zu etwas Brauchbarem heran. Und wenn Ihr Gehirn in den fünf Minuten, die Sie ihm zur Problemlösung eingeräumt haben, nichts wirklich Brauchbares einfällt? Gönnen Sie ihm eine Pause und heben Sie die Ideenmitschrift auf. Beim Blick darauf am nächsten oder übernächsten Tag fällt Ihnen eine Lösung ein. Garantiert.

Nicht empfehlenswert: Der Glaube an Visionen! Als Ghostwriter habe ich auch schon welche formuliert. Ausblicke ins ferne Morgen, die in allen Mitarbeitern einer Firma vom Türöffner bis zum

Topmanager Begeisterung für die Zukunft wecken sollen. Wenn's klappt – sehr gut.

Meine Erfahrung: Eine Gehaltserhöhung ist eine weit wirksamere Motivation als jedes Rundschreiben über neue Unternehmensvisionen – weil sie beweist, dass die Firma auf starken Finanzbeinen steht und nicht auf vagen Versprechungen baut.

In den letzten 20 Jahren des vergangenen Jahrhunderts galt das Formulieren von »Visionen« als wichtigste Managementaufgabe. Inzwischen sollte die Erfahrung jedem Mitarbeiter gezeigt haben, dass eine vernünftige Umsatz- und Gewinnplanung mehr bringt.

Gönnen Sie sich eine Kündigung! Kündigen ist ein Vergnügen. Solange man jung ist auf jeden Fall! Trotz hoher Arbeitslosenquoten: Lassen Sie sich nicht alles gefallen. Wer jeden Morgen mit Bauchdrücken zur Arbeit geht, weil der Chef mies ist, die Kollegen mobben oder einem »der ganze Laden stinkt«, für den hebt die Kündigung die Lebensqualität vom totalen Minus hoch ins Plus. Und das trotz der Sorge, wo das nächste Gehalt herkommt. Radikale Lösungen sind zumindest manchmal der einzige Weg, um Schwierigkeiten zu beenden. Weil sie Chancen für neues Glück bieten.

Wussten Sie schon?

Scheitern ist keine Schande. Auch der Konkurs eines Start-up-Unternehmens nicht. Simplicity-Frauen begreifen berufliche Rückschläge als Chance für einen neuen Anfang.

Lieben Sie Ihren Chef – weil er Ihnen so vieles abnimmt. Hierarchien haben in Europa einen schlechten Ruf. Wenn »der da oben« wie ein General »uns da unten« in die Umsatzschlacht schickte, galt das lange als »autoritär« und deshalb als »outdated«. Stattdessen sollten die Chefs motivieren – so lange, bis die Angestellten »eigenverantwortlich« handelten.

Inzwischen sollten wir gelernt haben: Bosse haben ihre Berechtigung. Genau wie die »Befehle«, die sie uns geben. Teamarbeit funktioniert nur bis zu einem bestimmten Punkt – bis eine Entscheidung getroffen werden muss. Dazu sind Chefs da. Sie entlasten ihre Mitarbeiter, indem sie ihnen sagen (glasklar, aber möglichst höflich, bitte): Tu das, lass das andere. Das vereinfacht das Leben ungemein. Und ist durchaus akzeptabel, wenn der Vorgesetzte auch Diskussionen seiner Weisungen zulässt. Manchmal. Wenn Zeit dazu ist.

Nehmen Sie sich ein Jahr frei. Oder ein halbes! »Sabbatical« oder Sabbatjahr heißen diese Langurlaube in der Managementsprache.

Das Wort wurde vom Sabbat, dem absolut arbeitsfreien Samstag der orthodoxen Juden abgeleitet. Rabbis, die jüdischen Religionslehrer, dürfen sich sogar alle sieben Jahre zwölf Monate frei nehmen. Um ohne Ablenkungen über ihre Religion nachzudenken. Weil schon in der Bibel gefordert wird: »Sechs Jahre sollst du dein Feld besäen und sechs Jahre deinen Weinberg beschneiden. Aber im siebten Jahr soll das Land dem Herrn einen feierlichen Sabbat halten. Du sollst dein Land nicht besäen und auch deinen Weinberg nicht beschneiden.«

Die Leiter einiger großer Unternehmen haben erkannt: So ein Maxiurlaub tut auch ihren Managern gut. Wenn sie in dieser Zeit »soziale Aufgaben« wahrnehmen (beispielsweise Kinderdörfer bauen, Sponsoring-Initiativen für Obdachlose betreuen oder in der Anti-Drogen-Beratung mithelfen), eine Weltreise machen, ihre Doktorarbeit fertig schreiben oder sich intensiv einem kreativen Hobby widmen. Diese Unternehmen garantieren die Rückkehr auf den alten Arbeitsplatz und bezahlen oft einen Teil des Gehalts weiter. Meine Empfehlung:

Fragen Sie in Ihrer Firma, ob es bei ihr so etwas gibt. Und nützen Sie das Angebot. Schließlich stumpft jede Tätigkeit, die wir jahrelang ausüben, unseren Geist ab. Sie macht aus Arbeitslust

Routine, lässt uns eher die negativen als die erfreulichen Seiten des Unternehmens und unseres Berufs wahrnehmen.

Für ein paar Monate ganz rauszukommen, etwas völlig anderes zu tun, einen Jugendtraum zu verwirklichen, zum Sprachkurs in die Provence zu fahren oder als Hilfspflegerin in einem Erdbebengebiet zu arbeiten – was auch immer: So ein Sabbatical liefert völlig neue Perspektiven fürs Leben. Und für den eigenen Beruf. Sogar, wenn man danach wieder in den alten Job zurückkehrt.

Junge Frauen haben die gesetzlich garantierte Möglichkeit zu so einem Sabbatical, wenn sie ein Kind bekommen. Wer sich die Rückkehr nach der Babypause leicht machen will, sollte sich aber nicht zu lange auf sein Kind konzentrieren – oder zumindest die letzten freien Monate dem Wiedereinstieg widmen. Durch Weiterbildungskurse oder Hilfsarbeit für die alten Kollegen. In dieser Zeit kann sich das Kind an fremde Betreuung gewöhnen und die Mutter wieder an regelmäßige Arbeit. Das tut beiden gut.

Wussten Sie schon?

Aussteiger machen schneller Karriere. Umfragen in Unternehmen, die ihren Mitarbeitern ein Sabbatjahr gönnen, ergaben: Gerade wenn die Aussteiger etwas völlig Berufsfremdes getan hatten, arbeiteten sie hinterher weit engagierter und kreativer als vor dem »Urlaub«.

Pünktlichkeit ist die Höflichkeit der Arbeitnehmer. Es ist mir ein Rätsel: Warum machen so viele Menschen sich das Leben durch regelmäßiges Zuspätkommen schwer? Warum provozieren sie Vorgesetztenzorn und Abmahnungen, Kollegenfrust und Kundenärger?

Ich finde: Nur wer sich das Leben unnötig schwer machen will, setzt sich morgens ein knappes Zeitlimit zwischen Weckerklingeln und Ankunft am Arbeitsplatz. Seit ich erkannt habe, dass ich von Geburt an eher zum Verhalten eines Faultiers neige als zu dem eines Wiesels, stehe ich eine halbe Stunde früher auf als notwendig. Weil es dann nichts ausmacht, wenn ich in den gerade angezogenen Strumpfhosen eine Laufmasche entdecke und ein neues Paar suchen muss, die frisch gefüllte Kaffeetasse fallen lasse oder auf dem Weg zur Arbeit im Stau stecken bleibe.

Es nervt mich nicht. Ich habe ja Zeit! Und wenn alles klappt und ich eine Viertelstunde »zu früh« am Schreibtisch sitze? Auch gut, dann kann ich wenigstens ungestört die nächste Tasse Kaffee trinken und meinen Tag planen. Oder Zeitung lesen.

Sind Sie ein »Dienstleister«? Na, sicher! Für alle Kollegen, die von Ihrer Arbeit abhängig sind. Jeder Arbeitnehmer, der sich das Leben leicht machen will, muss sich darüber klar sein: Er/Sie ist ein Ein-Mann/Frau-Service-Center. So wie die Verkäuferin, der Zeitungsbote, der Kellner und sein Koch, so sind wir alle Dienstleister. Am Fließband wie am Schreibtisch. Wir liefern anderen die Bausteine, die sie zur Erledigung ihres Jobs brauchen.

Das Wort »Service« klingt für viele Mitteleuropäer nach Dienstbotenarbeit, also so ähnlich wie »untergeordnet« und »minderwertig«. Stimmt nicht. Jeder leistet nicht nur seinem Chef, sondern auch seinen Kollegen »Dienste«. Wer das weiß und akzeptiert, ist sich auch nicht zu schade dafür, diesen Service auszuweiten zur Hilfe über das Vorgeschriebene hinaus. Dafür bekommt er Hilfsbereitschaft zurück – und sein Leben ist wieder etwas einfacher geworden.

Schwärzen Sie den Kollegen an. Jeder kennt solche Typen, männliche wie weibliche. Sie intrigieren, stänkern über Chef und Kollegen, lasten eigene Fehler immer anderen an. Fieslinge, kurz gesagt, die allen das Leben schwer machen.

Die einzig mögliche Simplicity-Taktik gegen solche Mistkäfer: Sammeln Sie die Übeltaten und sagen Sie dem Übeltäter: Mit dieser Liste gehe ich zum Chef, wenn du dich nicht änderst. Du bist zu diesem Gespräch herzlich eingeladen. Wann soll ich einen Termin ausmachen?

Wenn sich daraus kein vernünftiges Gespräch ergibt – und keine Verhaltensänderung –, dann sollten Sie Ihren Kollegen wirklich beim Vorgesetzten anschwärzen. Schließlich geht es hier um Ihren Stresspegel. Also auf Dauer um Ihre Gesundheit. Und um die der Kollegen. Da lohnt sich auch ein schwieriges Gespräch – der Lebens-Simplicity wegen.

Wussten Sie schon?
In japanischen Unternehmen werden Miesmacher und Anschwärzer mit Routineaufgaben kaltgestellt, in amerikanischen gefeuert. In deutschen werden sie oft befördert. Nicht nur weil es so strikte Kündigungsschutzgesetze gibt, sondern weil Zuträger dem Chef das Herrschen einfacher machen.

Erst etwas Routine, dann die wichtigste Terminaufgabe! Berufsberater empfehlen genau das Umgekehrte. Sie sagen: Machen Sie sich morgens, solange Sie frisch sind, zuerst an die wichtigste Aufgabe. Fürs Erledigen von Routineaufgaben reicht die Gehirnkapazität auch dann noch, wenn sie schon von nachmittäglicher Müdigkeit überschattet wird.

Mag sein, dass das bei geborenen Frühaufstehern funktioniert. Wer morgens eine Anlaufphase braucht, arbeitet sich besser an leichten Routineaufgaben wach – und beschäftigt sich dann erst mit dem Lösen schwieriger Probleme.

So oder so: Lassen Sie sich von Zeit-, Organisations- und Managementtrainern nichts einreden. Checken Sie ihre Ratschläge am eigenen Wellness-Gefühl ab – und befolgen Sie nur die, die Ihnen das Leben wirklich leichter machen.

Gönnen Sie sich Entrümplungszeit. Simplicity-Profis räumen ihren Schreibtisch jeden Abend auf. Weil es die Arbeit am nächsten Morgen erleichtert. Wer gerade die ersten Schritte zur Vereinfachung des Berufslebens macht, sollte sich wenigstens einmal pro

Woche eine Stunde Anti-Chaos-Zeit gönnen – und aufräumen, also sortieren, wegwerfen, ablegen, terminieren. Keine Zeit dazu? Dann gehen Sie sonntags ins Büro. Die ganze folgende Woche wird dadurch einfacher.

Lesen Sie Stellenanzeigen. Bewerben Sie sich sogar in anderen Unternehmen – auch wenn Sie mit Ihrem derzeitigen Job zufrieden sind. Es zeigt Ihnen, wie hoch Ihr Marktwert ist, und es steigert Ihr Selbstbewusstsein, wenn Sie merken, dass Sie bei anderen gut ankommen. Außerdem stärkt es Ihre Verhandlungsposition, wenn es um eine höhere Stellung oder mehr Gehalt geht.

Wussten Sie schon?
Jobwechsel bringen Geld. Wer von sich aus kündigt und sich eine neue Stelle sucht, kann meist mehr verlangen.

Verlieben Sie sich in die Macht. Frauen haben Angst vor Verantwortung und halten Macht für einen Makel? Das wird oft behauptet und ist – Quatsch. Verantwortung verwandelt Langeweile in Anregung, und Macht ist geil. Unter anderem weil sie das Leben vereinfacht. Weil sie die Chance aufs Delegieren von Lästigem gibt. Weil sie Ihnen mehr Informationen liefert und dieses »mehr wissen als andere« die Arbeit erleichtert. Weil mit Macht automatisch die Anwesenheit von untergebenen Hilfskräften verbunden ist. Genießen Sie es.

Machen Sie den Chef zum Kunden. Auch wenn er nicht gerade ein Gigatyp ist – er hat ein Recht darauf, weil er Ihnen als Gegenleistung Geld gibt. Wer im Chef den Kunden sieht statt den Sklaventreiber, übersteht auch schwierige Tage, ohne seine Macken als persönlichen Angriff aufzufassen.

Überstunden? Aber gern. Wenn's dafür einen Ausgleich gibt. Seien Sie nicht zu nett, wenn der Chef Sie immer wieder zu immer mehr Überstunden überredet. Sagen Sie gelassen »gern«, aber fordern Sie bei Gelegenheit einen freien Tag. Sonst glaubt er noch, er könne Sie immer weiter manipulieren.

Bürgen Sie mit Ihrem guten Namen! Viele, die sich selbstständig machen wollen – mit einem Internet-Start-up oder einem Secondhandshop – suchen oft verzweifelt nach einem originellen Namen. Wozu? Ihr eigener sollte Qualitätsgarantie genug sein. Und wenn Sie einen Durchschnittsnamen haben? Stellen Sie Ihren Vornamen voran. »Übersetzungsbüro Lisa Müller« klingt seriöser als jedes Fantasiewort.

Wussten Sie schon?
Kompetente Berufsfrauen haben immer eine abschließbare Schublade reserviert für Utensilien wie frische Strumpfhosen, Slipeinlagen, Deo und Make-up-Tasche. Und ein zartes Parfum, um sich selbst nach einem langen Chefgespräch wieder munter zu machen.

Nicht empfehlenswert: Ich bin belastbar! In Stellenanzeigen wird sie oft gefordert: die Belastbarkeit. Trotzdem sollte kein Simplicity-Fan ständig »Hier« rufen, wenn neue Aufgaben verteilt werden.

Viel wichtiger: die eigenen Grenzen austesten, anerkennen – und vor ihnen stoppen, wenn die Belastung darüber hinaus zu schießen droht.

Nicht empfehlenswert: lange Sitzungsprotokolle. Ob Sie selbst als Chefin »Meetings« einberufen oder zum Protokollschreiben verdonnert wurden – fassen Sie sich kurz. Formulierungen wie »Der Vorsitzende sagte …« oder »Herr Oberhintermeier empfahl …« erschweren allen Lesern das Leben. Es reicht, wenn das Protokoll die Beschlüsse verzeichnet. Weil es so zur Handlungsanweisung wird, statt nur Eitelkeitenstreichler zu sein.

Der Drei-Sterne-Trick: ein nettes Nein. Nein-sagen kann das Leben sehr vereinfachen, aber Simplicity-Profis verpacken es freundlich. »Das ist ein interessanter Auftrag, aber ...« klingt viel freundlicher als direkte Ablehnung. Dasselbe gilt für »Lassen Sie mich bitte darüber nachdenken ...« und »Ich würde Ihnen wirklich gern helfen, aber ...«. Der allerbeste Trick: Nach einer Begründung fürs Nein gleich einen Vorschlag für die Erledigung des Ansinnens machen. Dann bleibt beim Abgelehnten der gute Rat in Erinnerung und nicht die Ablehnung.

Fangen Sie mit dem dritten Satz an. Ihnen fällt keine gute Eröffnung für Ihren Brief, Ihren Vortrag, Ihr Memorandum ein? Kein Problem.

- 1. Lösungsmöglichkeit: ohne kluge, witzige oder höfliche Einleitung in die Erörterung einsteigen. Der gute Einleitungssatz fällt Ihnen dann vielleicht später ein. Und wenn nicht, macht's auch nichts, wenn Sie Lesern oder Zuhörern auf diese Weise Lesezeit ersparen.
- 2. Lösungsmöglichkeit: privates Brainstorming – also alle Wörter aufschreiben, die Ihnen zum Thema einfallen, und die Wörter nach Wichtigkeit ordnen. Dann erst beginnen, Sätze zu formulieren.

Wussten Sie schon?
Die wichtigste Regel der Nachrichtenjournalisten passt auch fürs allgemeine Briefe-, Reden- und Memorandenschreiben. Sie heißt: Immer das Wichtigste zuerst!

Entmuffeln Sie Ihre Briefe. Sparen Sie sich altmodische Formulierungen wie »Sie werden höflichst ersucht ...« oder »Hochachtungsvoll Ihre ...« oder »Darf ich Sie darum bitten ...«. Es sind Zeilenfüller und Verlegenheitsformulierungen. Viel einfacher:

Geradeheraus sagen, was man will, braucht oder bietet. Im Gesprächston und so klar wie möglich. Also nicht »ersuchen«, sondern den Grund des Briefes klar formulieren, sich nicht »hochachtungsvoll« verabschieden, sondern einfach »mit freundlichen Grüßen«. Und nie »DARF ich Sie bitten« (natürlich dürfen Sie!), sondern »bitte tun Sie dies oder jenes«.

Auch E-Mails verdienen eine schnelle Antwort. Oft reicht sogar die Betreffzeile. Nehmen Sie sich die Zeit für eine schnelle Antwort, auch wenn's nur ein Zwischenbescheid ist. Solche Höflichkeiten erleichtern auf Dauer den Umgang mit Kollegen und Kunden. Probieren Sie aus, ob die Antwort in die Betreffzeile passt. Ein Wort zum Thema (beispielsweise »Meeting« oder »Auftrag xy«) und dann zum Beispiel »Danke, kümmere mich« oder »wird erledigt«.

Als Schlussfloskel eingebürgert haben sich in der Betreffzeile die Buchstabenkombinationen »eom« (end of message) oder »nfm« (no further message).

Suchen Sie sich eine Denkecke. Manchmal ist im Büro einfach zu viel los, um in Ruhe über ein Problem nachdenken zu können. Aber: Ein gerade nicht belegtes Sitzungszimmer findet sich fast immer. Nein? Wie wär's dann mit Ihrem Auto? Bei schönem Wetter eine Parkbank? Einem Café? Die nächste Kirche? In fremder Umgebung kann man sich oft schneller konzentrieren als in vertrauter.

Verlieben Sie sich in Ihren Job! Stellen Sie sich vor, er sei ein Mann. Sie teilen mindestens ein Drittel Ihres Tages mit ihm. Das ist zu viel, um ihn gleichgültig zu behandeln, ihm morgens ungern zu begegnen, den ganzen Nachmittag ans Weglaufen zu denken. Machen Sie sich all seine guten Seiten bewusst. »Herr Beruf« oder »Mr. Job« klingt zu unbedeutend – er ist Ihr Versorger (auch wenn Ihnen Ihr Gehalt zu niedrig erscheint), Ihr Entertainer (durch Kollegen- und Kundenkontakte), Ihr Animateur (durch alles Neue, das Ihnen jeden Tag begegnet), Ihr Coach (da er Sie ständig zur Weiterbildung zwingt) und Ihr Therapeut (er schützt Sie durch Arbeit vor Depressionen).

Sie können »Herrn Beruf« nicht lieben? Weil Sie ihn nur aus Not ausüben, nicht weil er Ihnen gefällt? Dann sehen Sie sich nach einem neuen um. Schließlich müssen Sie bis zur Rente mit ihm auskommen.

Wussten Sie schon?
Noch immer wählen junge Frauen mit überwältigender Mehrheit »weibliche« Berufe wie Verkäuferin, Arzthelferin oder Rechtsanwaltsgehilfin. Oder sie studieren »auf Lehramt« oder Psychologie. Kein Wunder, dass über 70 Prozent der Frauen in Umfragen sagen: Männer haben die spannenderen und Erfolg versprechenderen Berufe.
Selbst schuld, oder?

Werden Sie zur Vitamin-B-Spinne, also zur Netzwerkknüpferin.
Früher sagte man: Beziehungen (Vitamin B) sind alles. Heute heißt das: Jeder braucht ein Netzwerk. Knüpfen auch Sie eines. Durch Kontakte zu Kollegen, im eigenen wie in anderen Unternehmen. Auf Seminaren, Firmenfesten, PR-Events, Konferenzen. Männer tun das sogar beim gemeinsamen Pinkeln, weil da Präsident und Praktikant schon mal in denselben Spiegel starren. Frauen müssen sich mehr anstrengen, aber es lohnt sich. Weil »Netzwerkangehörige« Ihnen mit täglichem Rat und Karriere fördernder Tat beistehen können.

Wussten Sie schon?
Die 25 Prozent »Größten« eines Landes erhalten im Schnitt zehn Prozent mehr Lohn als die 25 Prozent »Kleinsten« – weil sie schon als Teenager größer waren als der Durchschnitt und deshalb Selbstbewusstsein tanken konnten. Erforscht wurde das – natürlich – an Män-

nern. Für Frauen gilt deshalb: Tragen Sie rechtzeitig hohe Absätze, damit Sie den »Großen« auf derselben Ebene in die Augen sehen können.

Machen Sie eine Mittagspause, auch wenn knapp 40 Prozent aller Männer und etwa 30 Prozent der Frauen darauf verzichten. Es lohnt sich! Glücklich alt werden nicht die Vielarbeiter, sondern die Faulenzer. Warum sonst erreicht eine ständig schlafende Schildkröte ein Alter von bis zu 300 Jahren und die unentwegt herumwuselnde Eintagsfliege bringt's gerade mal auf zwölf Stunden?

Ein Trick zum Pausengenuss: nicht weiter über Unerledigtes nachdenken, sondern sich auf sich selbst konzentrieren. Beim Essen, beim Recken und Strecken, beim Spaziergang um den Block. Je mehr Sie sich aufs eigene Befinden konzentrieren, umso tiefer verschmelzen Arbeitssorgen mit dem schwarzen Hintergrund des Gedankenlärms.

Atmen Sie tief ein! Der Vorteil für Sie: Wenn Sie sich so lange aufs Atmen konzentrieren, bis Ihnen das Aus- und Einatmen langweilig wird, vergessen Sie die Umwelt. Und das erhöht spontan die Stressresistenz. Die einfachste Übung (ganz ohne spirituellen Hintergrund): mindestens zehnmal tief in den Bauch hineinatmen, so dass er sich automatisch nach vorn wölbt. Dann langsam wieder ausatmen. So einfach ist das.

Wussten Sie schon?

Wer vor der Mittagssiesta – sehr empfehlenswert! – eine Tasse Kaffee trinkt, wacht ohne Wecker 20 bis 30 Minuten später von selbst auf. Weil das Coffein genau diese Zeitspanne braucht, bis es vom Magen aus als Weckmittel aufs Gehirn wirkt.

Die gute Figur

Wie wär's mit Grazing statt Hungern?

Wollen Sie Ihr Leben wirklich vereinfachen? Dann machen Sie keine Diät. Nie. Abnehmen nach Plan stresst! Und frustet ungemein! Es bringt nur bei Menschen mit dem Charakter von Gipfelstürmern etwas. Solchen, die sich von keiner Niederlage abschrecken lassen. Und bei Verzweifelten, aber zu denen gehören Sie hoffentlich nicht. Ihre Figur wollen Sie sich aber trotzdem erhalten? Oder zurückerobern? Dann wählen Sie wenigsten nicht den Berg-und-Tal-Weg, sondern die sanfte Abwärtsstrecke.

Nicht empfehlenswert: Diäten aller Art. Zumindest nicht, wenn Sie sich's leicht machen wollen. Was glauben Sie denn, warum Frauenmagazine jeden Frühling eine neue Diät anbieten? Nicht weil immer neue Frauen dem Schlankheitswahn zum Opfer fallen, sondern weil die Waage derjenigen, die im letzten Jahr mitmachten, längst wieder mehr verbucht.

Es ist nun mal so: Auch wenn Sie sich streng an die (oft leider nur für begeisterte Köchinnen) ausgetüftelten Rezepte gehalten haben – Ihr Körper spielt nicht mit. Er verzichtet auf Wasser, baut vielleicht sogar etwas Fett ab, aber dann streikt er und begnügt sich mit dem wenigen, das Sie ihm während der Diät bieten. Sobald Sie wieder normal essen, legt er neue Fettreserven an. Schließlich empfindet er Ihre Diät als gefährliche Hungerzeit und sorgt deshalb vor.

Aus diesem Grund gilt für die meisten Diätmacherinnen: Sie haben Glück, wenn die Abnahmekur kurzfristig etwas bringt. Langfristig hilft nur – siehe oben – Grazing und der Verzicht auf so viel Fett wie möglich. Jenes in Wurst und Käse wie das in Süßigkeiten und Snacks. Ohne à la FdH zu hungern, denn das halten nur Menschen durch, die sowieso zum Märtyrertum neigen.

Noch ein Wort zur derzeit so beliebten Trennkost: Ja, man kann gut damit abnehmen. Das liegt aber nicht daran, dass der Magen jeweils nur Eiweiß à la Fleisch (plus Gemüse) oder Kohlenhydrate (beispielsweise Pasta oder Brot) bekommt. Beides gleichzeitig zu verdauen – darauf ist unser Stoffwechsel seit Urzeiten bestens eingerichtet. Schon unsere äffischen Vorfahren aßen, was ihnen vor die Schnauze kam, Pflanzen und Fleisch (ja tatsächlich! Wenn auch selten).

Pfundige Verluste durch strikt eingehaltene Trennkostwochen beruhen auf einem anderen Effekt: Die Tagesrezepte reduzieren erfolgreich die Essensmenge – vom Überfluss auf's Ausreichende. Wer das freiwillig macht, kann auch Steak plus Pommes, Schellfisch mit Reis oder Spaghetti mit Muscheln genießen. Er nimmt trotzdem ab.

Spielen Sie Kuh. Denn ein Rindvieh wird nie fett. Grasen sollen wir oder neudeutsch: Grazing gehen. Das heißt mindestens fünfmal am Tag essen. Weil das nicht nur die gute Figur erhält, sondern auch Fett abbaut. Das ist ein echt guter Tipp zur Vereinfachung, denn: Wer Apfel, Sandwich oder Avocado isst, bevor der große Hunger kommt, isst im Laufe des Tages weniger als der Drei-Mahlzeiten-Mensch. »Grazer« bleiben schlank, weil ihr Magen immer zu tun hat und ihr Insulinspiegel brav auf Keinhungerhöhe bleibt. Dickere Grazer nehmen sogar ab – gaaanz langsam. Aber sicher. Und ohne Jojo-Effekt.

Wenn schon Abnehmen, dann am leichtesten mit der Fünfmal-am-Tag-Methode. Ich habe damit in den letzten vier Monaten immerhin fünf von zehn überflüssigen Kilos abgeschmolzen. Ohne Hunger, ohne endgültigen Abschied von Schokolade oder Feinschmeckermenüs.

Wussten Sie schon?
Seit Jahren bestätigen alle Umfragen: Männer mögen rundliche Frauen lieber als dünne Modells!

Nicht empfehlenswert: Verzicht auf Zucker. Dieses Würzmittel ist unter Ernährungsforschern umstritten. »Weg damit, es macht dick«, sagen die einen. Weil es die Insulinproduktion anregt, Hungergefühle weckt und uns zum »Fressen« à la Schwein statt zum Grasen à la Kuh anregt.

Niemand sollte darauf verzichten, wenn er sich das Leben nicht extrem schwer machen möchte. Deshalb der heute aktuelle und auch wissenschaftlich akzeptierte Rat: Zucker genießen. In kleiner Dosis. Ab und an. Nicht vor Scham in den Boden versinken, wenn statt einer Praline der ganze Schachtelinhalt geleert wurde. Stattdessen wohlig seufzen, das Gefühl des vollen Magens und die Süße im Mund genießen – und den Zeitpunkt, an dem neue gekauft werden, um mindestens eine Woche, besser noch um einen Monat in die Zukunft verschieben. Aber ohne Schwüre für dauernde Abstinenz. Sie führen nur dazu, dass sich die Lust zu Gier steigert und in ungehemmten Fressanfällen endet.

Fettsparen leicht gemacht: Als eine Art Nachwort zum Grazing muss gesagt werden – es funktioniert nur, wenn wir uns einigermaßen konsequent ans Fettverbot des derzeit gültigen Gesundheitsparadigmas halten: Fett pur, also Butter, Öl (auch das feine Olivenöl!) oder Fett in Wurst, Vollfettkäse (der schmeckt leider am besten), Sahnetorte und Sahneeis, so sagen alle Experten, macht dicker als Brot oder Pasta (ohne Butter, mit wenig Parmesan!).

Wer sich den Genuss nicht durch Light-Käse verderben lassen, nur noch Putenwurst essen oder Salzbrezeln statt Kartoffelchips futtern will, beginnt mit kleineren Sparmaßnahmen. Er lässt zum Beispiel beim Brot die Butter unter dem Wurstbelag weg, beim Himbeerquark die zusätzliche Sahne. Beim frischen Spargel ist dann nicht Butterverbot total angesagt, aber Verzicht auf die Hälfte der sonst gegessenen Menge. Das fällt Zunge und Gaumen kaum auf und wird bald zur Routine. Versprochen!

Kaffee mit Milch hat weniger Fett als mit Kaffeesahne, ein halbes Stück Torte befriedigt so gut wie ein ganzes. (Bewusst schmecken wir sowieso nur die ersten zwei bis drei Bissen.)

Wussten Sie schon?
Fett unterstreicht den guten Geschmack. In kleinen Mengen ist es kein Gift!

Lassen Sie sich 20 Minuten Zeit – nach dem Essen. So lange dauert es ungefähr, bis das Gehirn das »Ich bin voll«-Signal vom Magen begreift und umsetzt in das Gefühl »Ich bin satt«. Es lohnt sich also, nach dem Hauptgericht Pause zu machen und abzuwarten. Besonders, wenn man sich gerade dazu erziehen will, insgesamt weniger zu essen.

Pfeif auf die Gymnastik, Spazierengehen tut's auch. Heute heißt Spazierengehen Walking. So oder so ist es für Schlankbleiber oder Zu-viel-Pfund-Schwere ein Vereinfacher par excellence. Ohne Bewegung, so haben Ernährungswissenschaftler unwiderlegbar bewiesen, ist es mehr als doppelt so schwer abzunehmen (ab 50 sogar unmöglich seine Figur zu halten).

Wer sich zu keinerlei Sport aufraffen kann, sollte wenigstens spazieren gehen und – wenn er mehr tun will – sich fürs schnelle Power-Walking entscheiden. Beides verbraucht nicht sehr viele Kalorien, aber es reguliert Heißhungergier auf Normalappetit und Gaumenbefriedigung. Dafür reicht eine Kleinigkeit im Grazing-Format.

Immer noch keine Lust? Wie wär's dann mit Seilspringen? Drei Minuten täglich sind ein guter Anfang für mehr Beweglichkeit, eine bessere Figur und ein geringeres Infarktrisiko. Wer dabei nicht außer Atem kommt, steigert sich langsam auf die empfohlenen zehn Minuten pro Tag.

Früh essen am Abend, erquickend und labend. Extremisten des Schlankheitswahns fordern den Totalverzicht aufs Abendessen. Weil Experimente mit Mäusen ergeben haben, dass die Tierchen mit einer Magerdiät – immer ein bisschen hungrig – im Durchschnitt länger leben als jene, die fressen, so viel ihnen schmeckt.

Hungrig ins Bett braucht trotzdem niemand gehen, der schlank bleiben oder abnehmen will. Was aber bei beidem hilft, ist: früh essen und ab sechs Uhr nichts mehr. Zumindest an den meisten Tagen. Weil der Körper dann reichlich Zeit hat, um von den Reserven zu zehren.

Aber auch hierzu ein Tipp: Wenn sie zu einem guten Abendessen eingeladen werden, lassen die Klugen ihre Figursorgen zu Hause und genießen. Einschränken kann man sich schließlich morgen wieder. Oder übermorgen …

Die gute Pfanne ist die Freundin der Schlanken. Sie essen gern Gebratenes? Schaffen Sie sich eine wirklich gute Pfanne an. In ihr können Filet und Fisch, Entenbrust und Hühnerschenkel ganz oder fast ohne Fett gebraten werden, ohne anzubrennen (einfach reinlegen, circa zwei Minuten warten, bis sich das Fleisch allein durch Schütteln der Pfanne vom Boden löst. Dann erst wenden). Wenn Sie in der letzten Bratminute ein kleines Stück Butter zugeben, haben Sie den gewohnten und ach so guten Geschmack am Fleisch, Ihr Magen aber kaum Fettnachschub für die Polsterzellen.

Nimm's leicht! Steh zu deiner Figur! Das sagt sich einfach, ist aber schwer durchzuhalten, wenn es schicke Mode nur für Dünne gibt und man sich selbst als Fettkloß fühlt. Oder einer ist.

Trotzdem: Magerkeit ist von der Natur als Ideal nicht vorgesehen. Deshalb macht das Streben danach jedes Leben schwerer als nötig. Kluge (und faule!) Menschen finden sich deshalb mit ihren Polstern ab und suchen den Genuss nicht im Blick auf Waage und Spiegel, sondern auf einem schmackhaft gefüllten Teller. Weshalb, glauben Sie, spricht die Volksweisheit Dicken mehr Gelassenheit und Glück zu? Weil sie ihr Leben so lieben, wie es ist, statt sich den Kopf über ein unerreichbares Ideal zu zerbrechen. Und den Körper nicht mit Schlankheitskuren quälen.

Nicht empfehlenswert: Angst vor Sterbestatistiken. Ja, klar! Alle Medien melden ständig, dass »ernährungsbedingte Krankheiten« die Seuchen unserer Zeit seien. Oder einfacher gesagt: dass Dicke früher sterben. Was sie verschweigen: dass heute auch Übergewichtige sehr viel älter werden als früher. Dass das Durchschnittstodesalter für Frauen bei über 80 Jahren liegt. Dass keineswegs jeder, der über dem ärztlich empfohlenen Sollgewicht liegt, zuckerkrank wird, an einem frühen Herzinfarkt stirbt oder vom Krebstod bedroht wird. Im Gegenteil: Nach neuesten Erkenntnissen ist es für ältere Menschen sogar gesünder, wenn sie etwas mehr Fettpolster auf den Knochen haben als es der Schlankheitswahn vorschreibt.

Wer sich das Leben leicht machen will, überblättert deshalb Zeitungsberichte über die Gefahren des Dickseins oder -werdens. Und nimmt entsprechende TV-Berichte als das zur Kenntnis, was sie sind: die Hoffnung der Medienmacher mit Schreckensnachrichten mehr Zuschauer (und Leser) zu erreichen als mit (wissenschaftlich ebenso gut begründeten) Meldungen wie: Dicksein birgt gewisse Risiken, aber lebensgefährlich ist es wirklich nicht!

Wussten Sie schon?
Glück hat nichts mit dem Gewicht zu tun.

Nicht empfehlenswert: hungrig einkaufen! Auch wenn Sie zu einem Modebummel aufbrechen, aber erst recht wenn ein Lebensmittelladen Ihr Ziel ist – essen Sie etwas, bevor Sie einkaufen gehen! Berufstätige sollten immer erst nach dem Mittagessen fürs Abendmahl einkaufen und nach Dienstschluss schnell mal einen Müsliriegel verzehren (oder etwas anderes, was ihnen schmeckt), bevor sie sich der Verführung durch Steak und Salami, Vollfett-Camembert und Tiefkühlspinat mit »Blubb«, Nussschokolade plus Butterplätzchen stellen. Hunger ist für alle, die schlank bleiben wollen, die denkbar schlechteste Einkaufshilfe. Denn für das Eingekaufte gilt: Was einmal zu Hause ist, wird auch aufgegessen. Weil es erreichbar ist.

Essen Sie nur die Hälfte. Und werfen Sie großzügig weg! Natürlich haben alle Mütter uns beigebracht, dass man seinen Teller leer isst. Aber wozu sind wir erwachsen geworden? Unter anderem, um selbst entscheiden zu dürfen. Also: Genieren Sie sich nicht, im Restaurant den nur halb leer gegessenen Teller abräumen zu lassen, sobald Sie genug haben. Und schmeißen Sie zu Hause weg, was Ihren Appetit nicht mehr reizt. Auch wenn es verschwenderisch klingt: Überfluss (über Ihre Sättigungsgrenze hinaus) ist im Abfalleimer besser aufgehoben als auf Ihren Hüften.

Obst als Vorspeise statt zum Dessert! Wer sagt denn, dass Apfel, Banane, Erdbeeren immer erst nach dem Hauptessen verzehrt werden müssen? Wer's vorher tut, spart die halbe Kantinenmahlzeit. Weil der Appetit nach der Obstvorspeise dafür nicht mehr reicht.

Selbstverständlich liefern Bananen Kalorien, auch der Apfel hat ein paar, aber auf jeden Fall sind es weniger als im Wiener Schnitzel mit Pommes mittags. Oder im Schinkenbutterbrot am Abend.

Obst statt Süßigkeiten? Und statt Liebe? Warum nicht? Die plötzliche Gier auf Schokolade oder andere Süßigkeiten ist so schwer auszutricksen wie die Sehnsucht nach Liebe. Und oft genug stillen wir mit dem Verzehr von Zuckerigem die Lust auf Zärtlichkeit.

Das ist in Ordnung, außer wenn man sich gerade in Form bringen möchte, um die Chancen auf einen neuen Partner zu erhöhen. Dann muss Obst in Griffweite platziert werden. Am besten frisches.

Wer sich das Leben durch Verzicht auf täglichen Einkauf leichter macht, greift zu Trockenfrüchten wie Pflaumen, Aprikosen, Apfelschnitzen. Sie sind wunderbar süß, liefern reichlich bioaktive Inhaltsstoffe zum Schutz des Herzens (oft mehr als frische Früchte), bauen Stress ab, weil sie kräftig gekaut werden müssen – und machen schnell satt. Weit schneller als Salznüsse oder Chips. Etwas Vorsicht ist bei Trockenpflaumen geboten: So gut sie schmecken, so sehr sie den Appetit auf Fettes dämpfen, so sehr regen sie die

Verdauung an – was aber fürs Abnehmen oder Schlankbleiben auch nicht schlecht ist, oder?

Nicht empfehlenswert: radikale Vierwochenkuren. Diese Art von Kuren sind selbst dann nicht zuträglich, wenn sie im Sanatorium und unter ärztlicher Aufsicht stattfinden, denn: Schnelles Abnehmen durch drastische Diäten macht aus Fettklößen vielleicht Hopfenstangen, aber nur kurzfristig. Danach gieren Körper und Geist nach all dem, auf das sie während der Schlankheitskur verzichten mussten. Auf Dauer schlank bleibt danach nur, wer seine Ernährung (und sich selbst) umstellt. Wer das Lebensmotto »Sahnesaucen, Sahnekuchen, Sahnetrüffel sind wunderbar« ändert in »Möhren, Kohlrabi und Vollkornbrot ohne Butter sind meine Lieblingsgerichte«.

Könnten Sie das? Nach nur vier Wochen Training? Ich nicht. Deshalb sind krasse Kuren nur etwas für richtig Übergewichtige, deren Fettmassen ihre Gesundheit akut gefährden. Auch sie müssen danach weiter fürs Wenigessen trainieren. Ihr Leben lang. Wie für die körperliche Fitness.

Leichtnehmer stellen sich gaaanz langsam um. Sie verlieren lieber in einem Monat nur ein Kilo statt fünf, denn sie wissen: Wenn sie nach einem Jahr ihr persönliches Idealgewicht erreicht haben, fällt die Erhaltung der schlanken Linie nicht mehr schwer. Weil sich das Lustzentrum im Gehirn, die Zunge, der Gaumen und Magen in dieser Zeit an eine neue Art zu essen gewöhnt haben.

Wussten Sie schon?
Fröhlichkeit macht beliebter als eine gute Figur!

Werden Sie ohne Vollwertkost glücklich! Auch bei der Diskussion um die richtige Ernährung gibt es Fundamentalisten. Besonders wenn es um Vollwertkost geht, also um Essen, das weitgehend naturbelassen ist und nicht von industriellen Anbietern stammt. Sie mögen aber weder Roggenbrötchen noch Vollkornspaghetti? Ihnen schmecken die Tiefkühlpizza und der Kirschjoghurt? Bleiben Sie dabei, solange Sie sich damit wohl fühlen. Genuss trägt mehr zu Gesundheit und Wellness bei, als es die Gurus bestimmter Zwangsdiäten à la Vollwert oder Vegetarismus wahrhaben wollen.

Appetitzügler helfen wirklich. Und wenn Sie diese höchst wirksamen Pillen nicht zu lange nehmen, sondern nur für die Zeit einer Schlankheitskur, schaden sie auch nicht. Die häufigste Nebenwirkung ist Verstopfung, aber die lässt sich mit einem (am besten morgens gleichzeitig genommenen) leichten Abführmittel verhindern. Fragen Sie Ihren Arzt! Zu dem müssen Sie sowieso, denn Appetitzügler gibt es nur auf Rezept.

Essen & Einladen

Hören Sie nicht auf Gourmet-Gurus

Sie wollen uns einreden, dass Bamberger Hörnchen die einzig akzeptablen Kartoffeln Deutschlands sind, superbittere Valhrona-Schokolade »besser« schmeckt als Milka, und Kenner nur Wein trinken, der pro Flasche mindestens 25 Euro kostet. Alles ein bisschen richtig. Alles gleichzeitig Quatsch. Simplicity-Sucher essen, worauf sie Lust haben und machen sich's einfach – mit Tiefkühlzwiebeln, ohne Weinthermometer und komplizierte Rezepte.

Nicht empfehlenswert: selbst Tomaten schälen. Am Stielansatz kreuzweise einschneiden, mit kochendem Wasser überbrühen, Haut abziehen? Schwerarbeit ist das nicht. Für einen besonders feinen Salat mache ich mir die Arbeit sogar mit Cocktailtomaten, für eine Tomatensauce aber nie!

Dafür kaufe ich abgezogene Tomaten in der Dose. Sie schmecken hervorragend, und wenn es Spaghetti mit Tomatensauce geben soll, wird deshalb nur eine Dose geöffnet, der Inhalt in eine Pfanne mit angeschwitzten Zwiebeln geschüttet, mit Salz, Pfeffer und Zucker (wichtig! Tomaten enthalten mehr Säure als man bei den rohen schmeckt), Rosmarin und Oregano oder Majoran gewürzt und eingekocht, bis die Sauce schön sämig ist. Abschmecken!

Wichtig: Die Sauce vor dem Mischen mit der Pasta durch ein feines Sieb streichen, damit die Stielansätze der Tomaten und die Rosmarinnadeln verschwinden. Arbeitsaufwand? Fünf Minuten.

Das Loblied auf Fertigprodukte – es sollte viel lauter gesungen werden. Für jeden, der lieber Couch-Potato spielt als Kartoffeln zu schälen, sind sie unentbehrlich. Zwar gibt es noch keine guten Pellkartoffeln im Glas, aber Kartoffelpüree aus der Tüte kann so gut schmecken wie selbst gemachtes.

Der Trick: Nach der packungsgemäßen Zubereitung Butter zugeben, so viel wie Sie Ihrer Figur zumuten wollen (ich nehme für zwei Personen zwei großzügige Esslöffel voll – und esse am nächsten Tag weitgehend fettfrei).

Warum, glauben Sie, schmeckt Püree vom Sternekoch so viel besser als zu Hause? Nur der reichlichen Butterzugabe wegen. In Frankreich heißt das Idealverhältnis tatsächlich eins zu eins.

Ebenfalls empfehlenswert: vorgegarter Reis. Muss nur richtig heiß gemacht werden – und schmeckt so gut wie selbst gekochter. Zumindest wenn man nicht beide nebeneinander testet und eine gute Sauce dazu verspeist.

Wussten Sie schon?
Dosentomaten enthalten mehr gesunde bioaktive Pflanzenstoffe als so manches frische Obst.

Kochen muss Spaß machen! In Arbeit ausarten sollte es nicht. Das tut es aber, wenn man die Ratschläge ernst nimmt, mit denen Gourmet-Gurus uns durch Artikel in Feinschmeckermagazinen, den Feuilletons feiner Wochenzeitungen und TV-Kursen von Drei-Sterne-Köchen zu indoktrinieren versuchen.

Zugegeben: Man kann ungeheuer informiert mitreden, wenn man den Unterschied zwischen Aceto Balsamico traditionale di Modena und Kühne-Essig kennt (der wichtigste: »traditionale« altert jahrelang in Fässern aus unterschiedlichen Holzarten), aber fürs tägliche Leben ist er weitgehend belanglos. Zumindest wenn man nicht selbst zur Garde der »Edelzungen« gehören will. Denn: Echter Aceto Balsamico schmeckt so intensiv, dass man ihn zwar als Aperitif trinken kann (wie einen Sherry), aber kaum jemand möchte ihn täglich in der Salatsauce durchschmecken.

Alle Nicht-Hobbyköche, aber Gerne-gut-Esser brauchen zwei andere Zutaten, um Küchenzeit zu kürzen und Küchenarbeit zu vereinfachen – Lust und den festen Willen, sich nichts einreden zu lassen. Weder von Gourmet- noch von Gesundheits-Gurus.

Bleiben wir noch ein paar Zeilen lang bei den Gourmets. Bevor Sie sich ihnen anschließen – bedenken Sie, wie viel Zeit Sie in Delikatessengeschäften, im Internet und auf Märkten verbringen müssen, um die empfohlene, angeblich unvergleichlich gute Zutat zu finden. Opfern Sie diese Zeit, werden Sie hinterher oft feststellen: Der Unterschied zum gewohnten Lebensmittel aus dem Supermarkt ist kaum zu schmecken. Oder nur dann, wenn Sie Edel- und Normalprodukt nebeneinander probieren (genau gleich zubereitet!). Wollen Sie so viel Zeit in der Küche verbringen?

Überlegen Sie außerdem, dass die fast immer seltenen, nicht industriell hergestellten Edelprodukte teuer sind, so teuer, dass sie jeden normalen Essetat sprengen. Lohnt sich das, wenn sie Gaumen und Zunge nur marginal mehr kitzeln?

Ihre Entscheidung. Wer sich das Leben leicht machen will, liest Gourmet-Empfehlungen genauso kritisch wie die Wegbeschreibung zum Ferienhaus in der Toskana – und sucht sich den für ihn angenehmsten Weg heraus. Zum exklusiven Senfmeister auf den kalten Höhen des Westerwaldes oder in den nächsten Supermarkt, der heute auch schon ein Dutzend Sorten bietet.

Wussten Sie schon?
Auch Gourmets mögen meist lieber Bratkartoffeln als Austern.

Die wichtigsten Simplicity-Tricks für Kochanfänger:

1. Erst das Rezept lesen, dann die Zutatenliste schreiben und die Vorräte kontrollieren, danach einkaufen. Es ist höchst lästig, wenn später ein wichtiges Gewürz fehlt oder Mehl, weil Sie dachten, Sie hätten noch was im Schrank.
2. Eine Schürze anziehen oder ein Küchentuch unter den Gürtel stecken. Nicht nur gut gegen Fettspritzer, sondern auch zum Händeabwischen.
3. Schmuck und Ihre Uhr ablegen. Nicht alles verträgt Zitronensaft oder heißes Wasser.
4. Alle Zutaten putzen und nach Rezept klein schneiden. Und die nötigen Arbeitsgeräte bereitlegen. Während des Kochens ist keine Zeit mehr zum Zwiebelschneiden oder Knoblauchpressesuchen.

5. Pflaster griffbereit haben.
6. Den Küchenwecker bereitstellen. Manche Saucen dürfen wirklich nur die im Rezept angegebene Zeit köcheln.
7. In jeder Kochpause schmutziges Geschirr abwaschen oder in die Spülmaschine stellen. Das spart das Hinterheraufräumen ein.

Und außerdem: Keine Angst vor Verbrennungen. Erst Mal ausgiebig kaltes Wasser aus der Leitung drüberlaufen lassen. Auf größere Flächen klatschnasse Umschläge mit Eiswürfeln legen. Das verhindert die Bildung von Brandblasen und lindert den Schmerz erheblich. Anti-Brand-Gels dämpfen ihn weiter.

Schnelle Lieblingsgerichte gehören zum Repertoire des Simplicity-Gourmets. Je kürzer wir in der Küche stehen, umso mehr Zeit bleibt, um mit dem Liebsten zu plaudern, den Kindern zuzuhören, mit der Fernbedienung zu spielen. Für Gemüsefans zum Beispiel das Rezept eines Kollegen:

Gemüse à la Peter: Nehmen Sie (zum Beispiel) Brokkoli, grünen Spargel, Zuckerschoten oder Porree, also einfach Gemüsesorten, die Sie mögen. Dünsten Sie alles in Wasser (so viel, dass das Gemüse gerade davon bedeckt wird) mit einem Würfel Gemüsewürze so lange, bis die Stücke Ihrem persönlichen Al-dente-Gefühl entsprechen. Verteilen Sie das Gemüse auf die Teller und geben Sie einen Schuss Olivenöl und geriebenen Parmesan drüber. Fertig. Die würzige Gemüsebrühe, abgeschmeckt mit etwas Zitronensaft, gibt's am nächsten Tag mit Kartoffeln oder Nudeln und frischem Estragon als Suppe.

Oder probieren Sie mal **Muschel-Spaghetti à la Rasmus:** Die Zubereitung dauert nur so lange wie die Pasta zum Kochen (acht Minuten). Während die Spaghetti im kochenden Wasser garen, lassen Sie in einer heißen Pfanne mit etwas Olivenöl Zwiebeln glasig werden (ich erspare mir das Schneiden und nehme TK-Zwiebeln), geben Sie reichlich Wein zu und den Saft der Miesmuscheln (aus der Dose) oder – feiner! – Vongole (aus dem Glas),

Rosmarin, Oregano und Thymian (als Trockengewürz). Alles kochen lassen, bis die Pasta fertig ist, dann die Muscheln zufügen. Mein Sohn Rasmus mischt – während die Spaghetti abtropfen – noch Crème fraîche in die Sauce, ich mag sie lieber ohne. So oder so: Das Ganze hat nur einen Fehler. Es schmeckt nach mehr. Und mehr. Und mehr …

Nicht empfehlenswert: Jeden Tag frisch einkaufen. Ja, natürlich. Es wird von allen Gesundheitsaposteln empfohlen. Der Vitamine wegen. Und von Gourmets ebenfalls. Weil frisch Geerntetes die meisten Aromastoffe enthält. Stimmt, aber wer hat schon Beete und Obstgarten vor dem Haus? Gemüse und Obst vom Markt oder aus dem Laden ist selten an dem Morgen geerntet worden, an dem wir es kaufen. Und selbst wenn – wer kauft schon immer morgens früh ein, bevor Sonne, Wärme, Staub und Lagerung den Frische-Effekt zunichte gemacht haben?

Lebensvereinfacher legen sich Vorräte an. Wozu ist der Kühlschrank erfunden worden?! Sie kaufen so selten wie möglich eine größere Auswahl an allem ein, was sie immer mögen, und ein zwei Genussmittel gegen plötzlich auftretenden Frust.

Investieren Sie in Fonds! Eine Geldfrage (Wie viel wollen Sie für Ihr Essen ausgeben?), aber meiner Ansicht nach eine gute Investition. Wer die wirklich guten Fonds kauft (rund 3,30 Euro pro Viertelliterglas), braucht sich um die Qualität seiner Saucen keine Sorgen mehr zu machen: Ein Glas Fond (es gibt beispielsweise Fisch, Wild, Braten, Geflügel, Enten oder Wald) und ebenso viel Wein (wenn's passt) langsam einkochen lassen – mindestens um die Hälfte. Dann würzen, Sahne oder Crème fraîche zugeben, falls vorhanden den mit einem Löffel Sauce abgelöschten Bratenfond (Fett vorher abgießen!!!), außerdem den Saft, der beim Anschneiden eines größeren Stückes Fleisch austritt, während es die von allen Profis geforderten fünf Minuten ruht (damit sich der Saft im Fleisch verteilt), dann je nach Zweck und Rezept abschmecken.

Der Schönheit wegen durch ein sehr feines Sieb gießen – und genießen. Fertiger Fond macht die Saucenzubereitung so einfach wie sie beim Meisterkoch aussieht.

Die besten Zeitzauberer sind TK-Kräuter – von der Zwiebel über Schnitt- und Knoblauch bis zur Italienmischung. Vielleicht haben die frischen Blättchen von der Topfreihe auf der Fensterbank mehr Vitamine, aber sie fordern von mir zu viel (oft vergessene Gieß-)Aufmerksamkeit, die ich lieber der weiteren Vereinfachung meines Lebens zuwende. Frischer als büschelweise im Supermarkt gekaufte Kräuter sind die eingefrorenen auf jeden Fall. Weil sie wirklich direkt nach der Ernte verarbeitet werden, also bevor Sonne, Trockenheit und lange Transportwege Aroma und Vitamingehalt drastisch reduziert haben.

Wussten Sie schon?
Profiköche kochen selten exakt nach Rezept. Weil Improvisieren mehr Spaß macht.

Zum Kochen tun's auch Trockenkräuter. Man muss nicht ständig frische im Haus haben, denn beim Mitkochen liefern die getrockneten genug Geschmack, und auf die paar Vitamine, die sie nicht haben, kommt's auch nicht an. Sicher, frischer Lorbeer und frischer Rosmarin schmecken intensiver, aber zum Ausgleich kann man ja zwei Blätter statt einem nehmen und einen Teelöffel voll Rosmarin statt nur eine Messerspitze.

Tiefgefrorenes Gemüse ist Klasse! Blattspinat, Blumenkohl und vorgeschnittenes Suppengemüse sparen den Gang zum Gemüsehändler. Und eingefrorene Him-, Erd- oder Waldbeeren. Ob als Snack oder Dessert für Freunde – nichts macht so glücklich und zufrieden wie Himbeerquark: Wenn's schnell gehen muss, Beeren im Backofen bei 100 Grad auftauen (sonst morgens in den Kühlschrank stellen, dann sind sie abends perfekt). Mit Quark mischen (je mehr Himbeeren, umso besser, am besten im Verhältnis eins zu eins), zuckern, fertig. Soll's wie im Edelrestaurant schmecken, zieht man noch geschlagene Sahne unter und dekoriert mit ein paar Restbeeren. Kaloriensparer nehmen fettarmen Quark und schlagen ihn mit etwas Sprudelwasser. Verblüffenderweise wird er dadurch tatsächlich so »sahnig« wie 40-Prozent-Quark.

Übrigens: Wenn Sie sich das Leben durch den Kauf von TK-Fertiggerichten erleichtern wollen – lassen Sie sich von selbst ernannten Ernährungs- und Feinschmecker-Gurus nicht einreden, dass Sie damit Ihrer Gesundheit schaden oder Ihren Geschmack verderben. Beides stimmt nicht. Solche Angebote enthalten oft eine Menge Fett (weil Fett gut schmeckt), aber sonst spricht – ernährungsmedizinisch gesehen – nichts dagegen. Und wenn sie Ihnen schmecken, auch aus Sicht der Gourmets nicht. Schließlich entscheiden auch die über »gut« und »weniger gut« nur nach eigenem Geschmack. Wie Sie.

Nicht empfehlenswert: ein Bio-Gemüse-Abo. Wollen Sie sich das Leben durch mangelnde Auswahl schwer machen? Dann überlassen Sie Ihrem Biobauern das Angebot dessen, was Sie im Lauf einer Woche essen. Aber beschweren Sie sich nicht, dass Ihr ökologisches Gewissen Sie zwingt, Sellerie zu kochen, wenn Sie Lust auf Gurke haben.

Grüne mögen darüber schimpfen, dass die globale Landwirtschaft uns selbst im Dezember frische Tomaten, Erdbeeren und Eichblattsalat liefert – und dass wir sie kaufen. Sie haben sogar Recht mit ihrer Empfehlung, der Jahreszeit gemäß zu essen: Spargel schmeckt wirklich am besten, wenn er zwischen Ende April und Juni aus deutschen Landen frisch auf den Tisch kommt. Aber wenn ich an einem miesen Januartag irgendwo Erdbeeren sehe und mich die Lust darauf überfällt, ist sie mir wichtiger als »political correctness«. Das Leben als solches ist schwierig genug und nur auszuhalten, wenn man sich zwischendurch einen Spaß gönnt. Auch durch Befriedung »unkorrekter« Wünsche.

Der Simplicity-Trick mit der Zitrone: Wer es sich in der Küche einfach machen will, sollte immer Zitronen – oder, weil feiner im Geschmack, Limonen – im Haus haben.

Ob Sauce oder Suppe, Gemüse oder Gänsebraten, Pudding oder Parfait – ein paar Tropfen Zitronensaft verwandeln fast alles Langweilige in ein Essen mit Pfiff, geben Frische, wo vorher nur Fadheit war. Geriebene Zitronenschale würzt Geflügelbraten (vorher in die Haut massieren). Als Kringel abgeschnittene Schale sieht nicht nur in Cocktails gut aus, sie dekoriert auch farblose Desserts angenehm.

Der Trick beim Zitronensaftverbrauch für ungeübte Köche: abschmecken wie ein Geizkragen. Tröpfchenweise. Nicht die ganze Mahlzeit damit würzen, sondern erst einmal einen Löffel voll. So lange, bis Sie zufrieden sind.

Wussten Sie schon?

Der Trick für gute Saucen heißt – einkochen lassen! Wein, Fond oder Sahne. Bis auf die Hälfte.

Kennen Sie Touchons? So nennen Köche die blau karierten Geschirrtücher, deren Verschwinden sie so hilflos machen würde wie der Verlust aller Salzstreuer. Köche benutzen sie ständig. Statt Topflappen. Zum Abwischen von Tropfen auf dem fertig dekorierten Tellerrand. Zum Säubern von Messern, Tischplatten, Probierlöffeln. Eines steckt immer unterm Schürzenband. Saubere liegen stets griffbereit.

Mein Sohn bringt seit Beginn seiner Kochlehre seine löcherig gewordenen Touchons nach Hause mit, und heute kann auch ich nicht mehr darauf verzichten. Zwar gibt's bei mir auch Rollen mit Papiertüchern – wunderbare Arbeitsvereinfacher, wenn mal größere Flüssigkeitsmengen auslaufen oder überkochen –, aber Touchons sind praktischer. Fürs Anfassen heißer Töpfe, fürs Zwischendurch-Sauber-Machen, als Ablage für Suppenkellen, Messer und Rührlöffel.

Aber: Wer jeden Tag kocht, braucht jeden Tag mindestens ein frisches Touchon. Also kauft man am besten gleich zwei Dutzend. Dann muss nur einmal pro Woche gewaschen werden.

Der Profikoch in der Privatküche – er besucht Sie gern! Wer selbst keine Lust hat, sich für den »runden« Geburtstag des Partners, die silberne Hochzeit der Eltern oder einfach ein großes Fest mit Freunden an den Herd zu stellen, muss nicht in einem teuren Restaurant feiern. Er holt sich den Koch dieses Restaurants ins Haus. Anruf genügt. Das ist nie billig, auf jeden Fall aber preiswerter als auszugehen. Selbst Sterneköche sind bereit, mit Pfannen und Töpfen und allen Zutaten des abgesprochenen Menüs zu Ihnen zu kommen – wenn Sie es wollen sogar mit Kellnern. Sie setzen sich auch inklusive weißer Kochmütze zur Digestif-Plauderei mit an den Esstisch. Was kann man geehrten Gästen Besseres bieten?

Singles brauchen Minis! Babyananas und -artischocken, Minizucchini, Cocktailtomaten, Kleinstauberginen (bisher meist nur in Weiß), Gurken in Spielzeuggröße – sie alle sind die idealen Vereinfacher für Singles und Double-Income-No-Kids-Paare. Sie sind teuer im Vergleich mit den Originalen, ja, aber sie sorgen für Abwechslung. Ich hasse es, wenn ich drei Tage hintereinander Gurke essen muss oder der Rest Auberginengemüse im Kühlschrank immer grauer wird. Deshalb kaufe ich heute meist die kleinen Neuzüchtungen. Sie schmecken so gut wie die großen Vorbilder, oft sogar intensiver. Und ihren Mehrpreis machen sie durch Vermeidung von Frust wett.

Nicht empfehlenswert: kleine Brezeln zum Fernsehen. Präsident George W. Bush verlor beim Knabbern das Bewusstsein, fiel vom Sofa und schlug sich das Gesicht auf. Also verzichten Sie besser drauf.

Mach das Licht aus, stell Kerzen auf. Der perfekte Rat meiner Freundin und genialen Vereinfacherin Ginky Spelman für Abendeinladungen. Weil Kerzen alle Gäste schöner aussehen lassen. Weil ihr Licht Frust abbaut und Heiterkeit hervorruft. Weil sie festlich aussehen. Und weil sie bei Gastgeberinnen, die keine Lust aufs Aufräumen hatten, staubige Ecken geheimnisvoll statt ungepflegt aussehen lassen.

Rosenblütenblätter und bunter Chili verwandeln – lässig über ein weißes Tischtuch oder edles Holz gestreut – jeden Normaltisch in eine festliche Tafel. Tischdeko? Das Wort klingt nicht nach Vereinfachung, weil jedem dabei kompliziert gefaltete Servietten oder mühsam gebundene Sträuße aus Deco-Magazinen einfallen. Drei Möglichkeiten für die Verwandlung eines Tisches gibt es aber, die keinerlei Mühe machen:

Streuen Sie die Blütenblätter von einigen Rosen aus. Oder – wenn es etwas Scharfes zu essen gibt – grüne, gelbe und rote Chilischoten. Oder eine Handvoll Gewürze wie roten, schwarzen und weißen Pfeffer, Anissterne und dazwischen die eine oder andere Vanilleschote. Das bringt ohne Anstrengung reichlich Effekt.

Wussten Sie schon?
Das einfachste und beste Essen für nette Gäste ist mehrere Brot-, zwei bis drei Butter- und so viele Käsesorten, wie Sie bezahlen können.

Tea for twenty statt fünf Gänge für sechs: Sie wollen oder müssen aus Gründen der Höflichkeit oder der Selbstpromotion eine Menge Gäste bewirten. Großen Eindruck (und sich selbst das Leben schwer) machen, können Sie natürlich mit einer Einladung für viele zum selbst gekochten großen Menü. Das Problem neben Zeit- und Geldaufwand: Sie sind stundenlang beschäftigt, auch zwischen den einzelnen Gängen.

Die Simplicity-Lösung: Laden Sie zum Teenachmittag. Das kostet wenig, denn Sie müssen ja nicht fünf verschiedene Teesorten und ebenso viel Kuchen zur Auswahl bieten. Im Gegenteil: Sie können sich's einfach machen und sich auf Ihren »Lieblingskuchen« und Ihren »Lieblingstee« beschränken. Die Gäste sitzen nicht in fester Tischordnung, sondern wandern mit der Tasse in der Hand von einem Gesprächszirkel zum anderen. Und Sie selbst können es genauso machen. Außerdem dauern Teenachmittage nicht vom Erscheinen der Gäste »bis in die Puppen«. Spätestens, wenn die Abendessenszeit naht, sind alle wieder weg. Und Ihre Küche bleibt sauber.

Wussten Sie schon?
Alle guten Blumenläden bieten heute auch Gefäße mit feuchten Steckschwämmen für Blumen an, die als Gaststrauß mitgebracht werden. Dann muss die Einladende nicht lange nach einer Vase suchen!

Grill und Barbecue gehört den Männern. Wie schön für Frauen! Wenn sie sich's im Sommer einfach machen wollen, brauchen sie Freunde und Partner nur zu einem Grillabend einladen – und sie darauf hinweisen,

- dass Braten auf offenem Feuer ein Privileg der Männer ist.
- dass der Mann von heute kochen kann. Zumindest Salate und Marinaden. Sonst blamiert er sich.
- dass »man« seine Kompetenz und Führungskraft durch die Organisation des Grill- oder Barbecue-Abends beweist.

Wenn die Besitzerin des Gartens (oder des Grills) freiwillig das Aufräumen übernimmt, spielen die meisten Männer begeistert mit. Und merken nicht, dass sie auf einen weiblichen Simplicity-Trick hereingefallen sind.

Nicht empfehlenswert: Weinthermometer. Natürlich wollen Sie Gästen den Wein in der richtigen Temperatur einschenken. Wie hoch oder niedrig die sein darf, damit das Aroma optimal zur Geltung kommt – darüber streiten selbst Experten. Weil sie wissen, dass weder alle Weißweine bei zwölf bis 14 Grad, noch alle Roten bei 16 bis 18 perfekt temperiert sind. Müller-Thurgau mit seinem (oft) starken Muskatton schmeckt den meisten bei zehn Grad besser als bei 14. Erstklassiger Riesling verträgt ohne Verluste auch mal 16. Ähnliches gilt für Rotweine. Edler, besonders alter Bordeaux ist so reich an Aromastoffen, dass die früher als Maß aller Dinge gepriesene Zimmertemperatur ihm nicht schadet, besser ist er allerdings etwas kühler. Spätburgunder aus Baden oder Schwarzriesling aus Franken ist bei 16 Grad am geschmackvollsten.

Also: Entscheiden Sie selbst, wann Ihnen welcher Wein am besten schmeckt. Und messen Sie nicht nach. Ihre Zunge, Ihr Gaumen und Ihre Nase wissen besser als jede Technik, was wirklich gut ist. Für Ihre Gäste. Und für Sie.

Nur was mir schmeckt, ist wirklich gut! Sie kennen solche Gespräche sicher auch: »Nur wer einmal bei Harald Wohlfahrt gegessen hat, weiß wie gut Essen schmecken kann.« Oder: »Tomatenketchup für meine Kinder? So etwas kommt mir gar nicht erst ins Haus!« Auch wenn Sie wissen, dass Wohlfahrt der derzeit höchst dekorierteste Koch Deutschlands ist, Küchenchef im Hotel Traube-Tonbach in Baiersbronn, auch wenn Sie Ihren Kindern seit Jahren ihr Ketchup gönnen – streiten Sie sich nicht. Viele Gourmets glauben immer noch, es gäbe einen einzigen maßgeblichen Geschmack. Der verlangt den regelmäßigen Besuch von Luxusrestaurants und die Ablehnung von Fastfood wie Pommes mit Ketchup.

Ich wollte auch mal ein Gourmet sein, aber ich hab's aufgegeben. Ich kann meist nicht sagen, ob eine Sauce einen Hauch Kardamon enthält oder Oregano (Zutatenraten ist ein beliebtes Spiel unter Gourmets). Ich weiß nur, wann sie mir schmeckt. Und ich weiß, dass ich Ketchup nicht selbst machen möchte. Wer sich Stress ersparen will, sollte deshalb Diskussionen über Aromanuancen von Drei-Sterne-Saucen und Fragen nach der Geschmacksqualität von selbst gemachten Spaghetti gegenüber fertig gekauften vermeiden. Sie machen nur gereizt und verderben den Spaß am Genuss.

Wer Currywurst rotweiß lieber isst als Ente à l' Orange hat Recht! Das Recht alle Anfeindungen zu überhören, die da sagen: »Das ist schlechter Geschmack!« Ist es nicht. Nur der eigene.

Küchenparty statt Viel-Gänge-Menü. Sie kochen gern? Das heißt auch: Sie haben eine gut ausgestattete Küche? Laden Sie zur Küchenparty statt zum »platzierten« Essen, bei dem alle Gäste vor Ihrem schönen Geschirr sitzen und auf Sie als Koch & Kellnerin warten. Machen Sie sich's einfach.

Lassen Sie die anderen auch mal an Ihren Herd. Besonders wenn Sie einige Unbekannte unter die Freunde mischen wollen. Die bekommen zwischen Spüle und Kühlschrank, beim Gespräch über Kochzeiten und Zutaten, weit schneller Kontakt als beim Stühlerücken vor dem Esstisch. Und Sie haben viel mehr Zeit, um mitzufeiern, während die Eingeladenen sich ihren Kopf darüber zerbrechen dürfen, ob eine mit Limone gesäuerte Rotbarbe wirklich besser schmeckt als nach der Verwendung von Zitrone oder ob Paprikaschoten gehäutet und in Rauten geschnitten werden müssen, bevor man sie zum Ratatouille gibt (ich finde: sie müssen nicht).

Wussten Sie schon?
Kaum jemand schmeckt – wenn er nicht Bescheid weiß – den Unterschied zwischen Huhn aus dem Supermarkt und dem französischen Edelprodukt aus der Provinz Bresse.

Guter Wein schmeckt auch aus Wassergläsern. Logisch: Echte Gourmets benützen für einen edlen Bordeaux ein anderes Glas als für Rotwein von der Aar. Weil sich der Duft einer Rebsorte in speziell für sie entworfenen Gläsern am besten entfaltet. Für professionelle Weinproben ist das wichtig, aber nehmen wir an:

Sie laden einen fröhlichen Haufen von Freunden ein und die bringen noch ein paar Bekannte mit. Plötzlich reichen die Rotweingläser nicht mehr für alle. Schmeckt der Wein schlechter, wenn einige ihn aus Weißweingläsern trinken? Oder – Schreck, lass nach! – aus einem Wasserglas? Wenn es sich bei letzterem nicht um ein dickwandiges Ex-Senfglas handelt, können Laien kaum einen Unterschied diagnostizieren, und wenn, dann allenfalls beim Geruch, nicht beim Geschmack. Schon gar nicht, wenn der Alkoholpegel über die autofahrtechnisch erlaubten 0,5 Promille gestiegen ist.

Übrigens: Auch bei Einladungen zu einem »gesetzten« Essen, also am Tisch, müssen heute nicht mehr alle Gläser aus einer Serie stammen. Buntes Mischen von alt und neu, durch Ausleihen bei Nachbarn und Freunden, bei Gläsern wie bei Geschirr und Besteck, liefert den Gästen ersten Gesprächsstoff und macht das Leben der Gastgeberin einfacher.

Wussten Sie schon?
Wer mehr Zeit zum Kochen als zum Essen braucht, hat falsch geplant. Das richtige Zeitverhältnis für größere Menüs: 40 Prozent Vorausplanung, 20 Prozent Küche, 40 Prozent Genießen.

Neues probieren ist das beste Geschmacksstudium. Sie sind doch kein »Bauer«, der nicht »isst, was er nicht kennt«, oder? Bestimmt nicht, denn Liebhaber des einfachen Lebens wissen: Die heute oft gelobte Simplicity hat nichts mit einer Rückkehr zum Leben von anno dazumal zu tun. Sie fordert nicht: Iss nur noch das, was schon die Steinzeitmenschen oder die bäuerliche Uroma satt gemacht hat.

Im Gegenteil: Wer viel probiert, steigert seine Lebenslust. Durch ein fremdes Gewürz, ein neues Fertigdessert, eine exotische Frucht, die die Langeweile an Apfel und Birne verdrängt. Einfaches Leben heißt ja nicht: Verzicht auf Genuss, sondern seine

Optimierung. Wer Zucchini oder Zitronengras nie probiert, erfährt auch nicht, ob sie ihn glücklich machen könnten. Glücklicher als etwa Gurke und Dill.

Nicht empfehlenswert: der kategorische Imperativ von Weintestern. Wissenschaftler stellten vor kurzem fest: Das Aromamolekül, das in Rotwein angeblich den Geschmack nach Him- oder Johannisbeeren hervorruft, ist haargenau dasselbe, das in Weißwein nach Aprikosen oder Pfirsich schmeckt. Nun könnte man sagen: die Mischung mit anderen Aromamolekülen macht's.

Ich aber meine: Weintester können trotz ihrer reichen Erfahrung auch nur ihren eigenen Geschmack beschreiben. Wer sich NICHT nach ihnen richtet, erspart sich die oft mühsame Lektüre lyrischer Weinberichterstattung. Er wird außerdem durch die oft ziemlich abgehobenen Testberichte nicht verunsichert.

Wenn Sie Riesling aus dem Rheingau lieber mögen als die zur Zeit hoch gelobte Konkurrenz von der Mosel, Rotwein aus dem Burgund lieber als aus dem hymnisch gepriesenen Bordeaux – bleiben Sie dabei. Gleichgültig, was die Weinprofis sagen. Sie werden nicht nur billiger einkaufen können (gute Urteile beispielsweise vom US-Tester Parker potenzieren die Preise!), sondern auch mehr Spaß an Ihrem Wein haben.

Wussten Sie schon?
Eine Flasche guter Sekt (oder Champagner) wirkt als Gastgeschenk meist besser als noch ein weiterer Blumenstrauß.

Das Rezept gegen Unsicherheit im Restaurant: Fragen!!! Sie wissen nicht, was ein »Confit« ist oder ein »Parfait«? Wie man Hummer isst oder Austern? Müssen Sie auch nicht. Genauso wenig wie der Italiener an der Ecke voraussetzen kann, dass jeder den Unterschied zwischen »Spaghetti vongole« (mit Muscheln) und »Spaghetti neapolitana« (nur mit Tomatensauce) kennt. Fragen Sie einfach. Die Kellner und Kellnerinnen müssen Bescheid wissen. In besseren Restaurants und in Ethnobistros tun sie's auch. Und geben gern Auskunft.

Übrigens: Ein »Confit« besteht aus Fleischstücken, oft Gänse- oder Entenklein, die in Fett (meist dem eigenen) konserviert wurden. »Parfait« ist besonders feines, luftiglockeres Halbgefrorenes.

Geben Sie großzügig Trinkgeld. Zumindest in Lokalen, die Sie häufiger besuchen. Dann werden Sie auch immer besonders gut behandelt.

Übrigens: Zehn Prozent vom Rechnungspreis gelten heute als Minimum, 15 Prozent nicht als überhöht. Die Eurorechnung nur von 28,90 auf 30 aufzurunden wirkt ziemlich geizig.

Bestellen Sie Ihren Tisch im Restaurant. Sie ersparen sich durch diesen einen Anruf die abendlichen Kellnerworte: »Tut uns Leid, wir sind ausgebucht.« Und die darauf folgende Suche nach einer anderen Essmöglichkeit.

Übrigens: Gastronomen sind auch dankbar, wenn Sie Bescheid sagen, falls Sie eine Stunde später als geplant kommen. Die Küche weiß dann, dass sie sich in Ruhe erst den anderen Gästen widmen kann. Absagen, wenn man nicht kommt, ist selbstverständlich Höflichkeit!

Familie

Denken Sie an sich selbst. Nicht nur – aber auch

Der wichtigste Wunsch junger Menschen an die persönlichen Götter: Schenkt mir eine glückliche Familie! Mit zwei bis drei Kindern und einem Partner, der sich genauso um unser aller Zufriedenheit kümmert wie ich. Das gilt für Männer und Frauen, aber nach wie vor investiert die weibliche Hälfte der Menschheit mehr Zeit, Sorgen und Liebe in die Verwirklichung dieses Zieles und die Erziehung der Kinder als die männliche. Schlimm oder unvermeidlich? Egal. Hier sind Ihre Chancen, sich diese »Arbeit« leichter zu machen.

Auch wenn's nervt: Hören Sie auf »ältere« Mütter. Glücklicherweise hat sich meine Mutter nur äußerst selten in die Erziehung ihres Enkels eingemischt, doch Müttergespräche am Rande des Spielplatzes wie auf Familientreffen konnte ich nicht vermeiden, und ich habe sie immer gehasst: »Meine Tochter konnte mit drei Jahren schon längst aufs Töpfchen gehen …«, »Mein Peter hat natürlich Abitur gemacht. Wie alle in unserer Familie …«, »Wenn Hannchen nicht durchschlafen wollte, habe ich immer …«

Inzwischen weiß ich: Hätte ich auf die Ratschläge von Familie und Fremden gehört, wäre mir mancher Ärger erspart geblieben. Was ich als junge Mutter nicht realisiert habe (Sie vielleicht auch nicht?), war die Tatsache, dass Kinder zur Welt bringen und aufziehen, nichts Einzigartiges ist, das mir allein zum ersten Mal in der Geschichte passiert. Sondern dass Milliarden von Müttern ähnliche Erfahrungen gemacht haben müssen.

Deshalb gilt: Es lohnt sich, auf den Rat der Älteren zu hören. Man muss ihn ja nicht annehmen, aber er dient als Maßstab, an dem man die eigene Meinung, das eigene Verhalten messen kann. Und: Man bekommt beim Zuhören wirklich eine Menge guter Tipps, zum Beispiel dafür, wie man es selbst auf gar keinen Fall machen will. Auch das lohnt sich!

Nicht empfehlenswert: Mutter opfert sich für uns auf! Vielleicht schmeichelt es ja manchen Müttern, wenn ihre Familie das über sie sagt. Vielleicht verschafft es manchen Märtyrerinnen tatsächlich die Erfüllung, die sie suchen. Für uns Normalfrauen ist eine solche

Opferhaltung der erste, fünfte und 1001. Schritt zu einer unglücklichen Familie. Und natürlich ins eigene Unglück. Weil Glück aus Geben UND Nehmen besteht, weil immer nur Geben müde und krank macht. Und weil eine müde und kranke Mutter weder Kinder noch Partner glücklich machen kann.

Reservieren Sie Zeit für sich selbst. Kämpfen Sie darum. Mit Klauen und Zähnen, wenn es sein muss. Gegen die Wünsche von Kindern und egoistischem Ehemann (liebenswerte Partner sind auch in der Beziehung großzügig).

Am einfachsten lässt sich solche »Eigenzeit« durchsetzen, wenn sie von Anfang an genommen wird – von der Geburt des Kindes an. Täglich eine Stunde. Einmal pro Woche ein halber Tag. Pro Monat ein ganzer. Egal. Auf jeden Fall Zeit, in der Sie tun können, was Sie wollen. Ohne an das Kind zu denken. Oder den Partner (der passt derweil auf den Nachwuchs auf). Ob Sie faul dösen, TV-Talkshows gucken, ein »kluges« Buch lesen oder ins Fitnessstudio gehen – Sie brauchen solche Privatstunden, um Sie selbst zu bleiben. Betrachten Sie die »freie« Zeit als Tankstelle für Lebensenergie. Die kann ja dann wieder der Familie zugute kommen.

Und wenn Sie die Familie jahrelang durchs Immer-für-sie-Dasein verwöhnt haben, aber sich jetzt plötzlich müde fühlen? Laden Sie alle Betroffenen zur Familienkonferenz. Fordern Sie Freizeit. Und verteilen Sie einen Teil Ihrer Last auf die Schultern von Kind und Partner. Auch wenn sie erst maulen – auf Dauer werden sie's Ihnen danken.

Das Baby schreit – und darf ins Elternbett. Die meisten Ratgeberbücher und Erziehungsberater sind strikt dagegen. Ein Kind muss rechtzeitig lernen, dass nicht alle seine Wünsche erfüllt werden. Auch nicht der nach Mutters und Vaters Nähe. Die paar Nächte mit Geschrei müssen die Eltern aushalten.

Kommt drauf an. Ich habe mir angesichts meines brüllenden kleinen Sohnes ernsthaft überlegt: Was ist wichtiger – mein Schlaf oder ein allgemeiner Erziehungsgrundsatz? Dann fand ich meinen Schlaf wichtiger und habe das Baby ins Elternbett geholt. Und bin kaum noch aufgewacht, wenn das Kleinkind später von alleine ankam und sich unter meine Decke kuschelte. Geschadet hat es meinem Sohn nicht – soweit ich weiß.

Deshalb empfehle ich: Wann immer Sie sich zwischen »offiziellen« Erziehungsregeln und der privaten Simplicity Ihres Lebens entscheiden müssen – wählen Sie den leichteren Weg (solange es dem Kind nicht schadet!). Ihre Tochter oder Ihr Sohn wird es Ihnen danken, weil eine entspannte Mutter die bessere Mutter ist.

Nicht empfehlenswert: Hotel Mama. Weder für Sie selbst, noch für Ihr erwachsenes (studierendes oder berufstätiges) Kind. Zumindest dann nicht, wenn Sie als Hotelier den vollen Service bieten – vom regelmäßigen Abendbrot über ein frisch bezogenes Bett bis zur gewaschenen und gebügelten Wäsche. Selbst wenn darin von Zeit zu Zeit der erste, zweite oder dritte Partner Ihres Kindes schläft.

Für Sie selbst gilt: Haben Sie nichts Besseres zu tun? Bis zu oder über zwei jahrzehntelang haben Sie Ihrem Kind alles geboten, alles getan, um es glücklich zu machen. Jetzt ist es groß genug, um sich selbst um Essen, Sauberkeit seines Zimmers und seiner Klamotten zu kümmern.

Sie brauchen Tochter oder Sohn ja nicht rauszuschmeißen (obwohl er das reife Alter von 23 Jahren erreicht hat, wohnt mein »Kind« immer noch bei mir), aber jetzt können Sie sich das Leben wieder leicht machen. Ohne schlechtes Gewissen. Denn endlich ist aus dem Kind ein Mensch geworden, der die Verantwortung für sich selbst tragen kann. Es genügt, wenn Sie weiterhin als Gesprächspartner für ihn da sind (und, falls nötig und möglich, als Finanzier).

So mache ich es: Für meinen Sohn wird weder gebügelt noch gekocht noch aufgeräumt, und sein Bett muss er auch allein beziehen (und seine Bettwäsche waschen). Es bekommt uns beiden blendend. Und wenn er mir manchmal (mehr im Spaß als im Ernst) die Fürsorglichkeit anderer Mütter vorhält, lache ich ihn aus. Sein Erwachsenwerden garantiert meine Lebenserleichterung.

Ein hohes Taschengeld, aber nichts nebenbei. Ob Ihr Kind sieben oder 17 ist – wenn Sie sich's leisten können, gehört ein hohes Taschengeld zu den größten Vereinfachern des Familienlebens. Weil es Sie zumindest ein Stück weit vor ständigem Gebettel schützt. Und wenn Sie sich außerdem daran halten, außerhalb von Weihnachten und Geburtstagen nichts zu schenken, weder Geld noch Güter, vermeiden Sie mehr Streitigkeiten als ein Familientherapeut schlichten kann.

Feiern Sie Weihnachten ohne die liebe Verwandtschaft! Klingt herzlos, ich weiß, aber ich weiß auch: Die meisten Familienstreitigkeiten gibt es an Weihnachten. Weil alle glauben, sie müssten besonders nett zueinander sein, und dieser schöne Vorsatz nur selten durchgehalten werden kann – je größer die Familienrunde ist und je länger sie zusammenbleibt, umso seltener.

Mutter, Vater, Kind kommen meist friedlich-freundlich miteinander aus, genießen gemeinsam die freie Zeit. Sitzen aber Eltern oder Schwiegereltern in der Weihnachtsrunde, wächst das Streitpotenzial. Weil Erinnerungen an frühere Weihnachtsfeste aufgefrischt werden, und zwar nicht an die harmlos schönen, sondern an jene, die Enttäuschungen lieferten. Ein heiteres »Weißt du noch, damals …« wird dann schnell zum ärgerlichen »Warum hast du damals nicht …«.

Meine Empfehlung für alle, die nicht wirklich ein (familiäres) Herz und über alle Generationen hinweg eine Seele sind: Wenn die Eltern in erreichbarer Nähe wohnen, trifft man sich nur zu einem Mittagessen oder Kaffeekuchenklatsch. Am ersten oder zweiten Weihnachtsfeiertag.

Wenn eine längere Reise nötig wird und sich damit nur ein längerer Aufenthalt lohnt, sollte sich die anreisende Familie in einem

Hotel oder einer Pension einquartieren. Dann hat man abends einen Grund das Haus vor Ausbruch eines Streites zu verlassen.

Wenn Vater oder Mutter allein leben, lädt man sie nur jedes zweite Weihnachtsfest ein und feiert dazwischen allein. Alte Väter oder Mütter müssen akzeptieren, dass ihre »Kinder« erwachsen sind und ein eigenes Leben leben wollen. Auch an Weihnachten.

Wussten Sie schon?
Immer mehr Simplicity-Sucher gehen nicht mehr wie früher am Mittag des ersten Weihnachtsfeiertages aus, sondern schon am Weihnachtsabend. Weil sie sich damit das Weihnachtskochen ersparen und allen Anwandlungen von Sentimentalität und Nostalgie entgehen.

Nicht empfehlenswert: Liebe alle deine Kinder gleich. Das geht nicht! Kuchen kann zwischen mehreren Kindern gerecht aufgeteilt werden, Mutterliebe nicht. Versuchen Sie's! Sie werden merken: Sie machen sich damit das Leben schwerer als nötig.

Kinder kommen eben nicht aus Backförmchen, die lauter identische Muffin-Menschen liefern. Die Gene von Vater und Mutter werden für jedes anders zusammengewürfelt, und da ist es kein Wunder, wenn eines Ihnen (natürlich nur im Geheimen) ähnlicher, näher, liebenswerter erscheint als das andere. Nur zeigen darf man das nicht. Das wäre gemein, aber sich selbst deswegen ein schlechtes Gewissen einreden – das ist unnötig.

Nicht empfehlenswert: Meine Familie steht mir näher als meine besten Freunde. Wobei mit »Familie« in diesem Fall die gemeint ist, in der ich aufgewachsen bin. Meine Geschwister zum Beispiel, die Brüder und Schwestern meiner Eltern, meine Vettern und Kusinen, deren Kinder.

Muss ich sie alle mehr lieben als die Freunde, die ich mir selbst ausgesucht habe? Weil unsere Gene zum Teil gleich sind? Früher hatte ich oft ein schlechtes Gewissen, weil ich's nicht konnte.

Heute glaube ich nicht mehr an das Sprichwort, dass »Blut dicker ist als Wasser«.

Natürlich würde ich meinen Verwandten helfen, wenn sie in Not wären und ich helfen könnte, aber lieben? Lieben kann ich nur jene unter ihnen, bei denen die verwandtschaftliche Zwangsbindung zu einer echten, freiwilligen Freundschaft geworden ist. Sie machen mein Leben glücklicher. Ich hoffentlich ihres auch. Und Glück, gegenseitig geschenkt, ist das beste aller Simplicity-Rezepte.

Schenken Sie Ihrem Kleinkind Kinder. Bringen Sie es in einen Kinderhort. Oder zu einer Tagesmutter. Das vereinfacht nicht nur Ihr Leben, weil Sie dann wieder Ihrem Beruf nachgehen können. Es tut auch Ihrem Kind gut. Weil es Gesellschaft hat. Die Krankheitskeime, die es von anderen Kindern aufschnappt, stärken sein Immunsystem (auch, ja gerade, wenn es sich dabei alle Kinderkrankheiten zuzieht), und im Spiel mit den Fremden lernt es mehr soziale Kompetenz als von Ihnen allein.

Als Rabenmutter müssen Sie sich deswegen nicht fühlen. Auch dann nicht, wenn Ihr Kind beim morgendlichen Abschied herzzerreißend weint. Das gibt sich, sobald Sie weggegangen sind.

Glauben Sie nicht? Werfen Sie einen Blick über die Grenzen. In Frankreich und Dänemark kommen seit Jahrzehnten weit mehr Babys in Kinderhorte und anschließend in Ganztagesschulen als in Mitteleuropa. Und weder Franzosen noch Dänen sind deswegen neurotischer als wir, oder?

Wussten Sie schon?

Alle Mütter haben Angst, durch Neinsagen die Liebe ihres Kindes zu verlieren. Alle Psychologen sagen: völlig überflüssig. Die natürliche Bindung zwischen Kind und Mutter ist stärker als jedes Stahlseil. Gelegentlicher Ärger gleicht dem Grünspan auf Kupferdächern. Er verändert nur die Oberfläche.

Nicht empfehlenswert: vom Fußboden essen zu können. Kinder machen Dreck. Und Unordnung. Und manch eine Frau glaubt: Sie muss von der Berufs- zur Superhausfrau mutieren, sobald sie Mutter geworden ist. Das heißt: Um die Kleinen vor Schaden zu bewahren, versucht sie die Wohnung nicht nur besen-, sondern bakterienrein zu halten.

Das ist unnötige Arbeit, denn: Ein bisschen Dreck schadet NICHT nur. Er ist gesund! Weil die Kleinen auf diese Weise ihre Abwehrkräfte stärken. Studien an deutschen Krippekindern und unter Rekruten der italienischen Armee zeigten: Kinder aus einer eher »schmutzigen« Gegend sind als Erwachsene gesünder als Babys aus einer hygienisch einwandfreien. Sie leiden seltener unter Allergien und ansteckenden Krankheiten.

Das heißt: Keine Wohnung muss so sauber geputzt werden, dass jeder »vom Fußboden essen kann«. Und »antibakterielle« Putzmittel sind überall dort überflüssig, wo die Familie alles in allem gesund ist.

Nicht empfehlenswert: das gebügelte Babyhöschen. Ich gebe es am besten gleich zu: Ich habe weder Strampelhöschen noch später Jeans und T-Shirts meines Sohnes je gebügelt. Sie waren ja doch nach einem Tag wieder dreckig. Für Simplicity-Sucher kann ich solche Unbekümmertheit um Anziehnormen nur empfehlen – außer Bügeln entspannt Sie.

Ich hasse es, aber wenn Sie es für unverzichtbar halten, schlage ich vor: Senken Sie stattdessen Ihren eigenen Anspruch an andere haushaltliche Ordnungspflichten. Ob Sie durchs Rumliegenlassen von Kinderspielzeug Zeit einsparen, durch seltener Staubwischen oder Fertiggerichte statt Selbstkochen – Perfektionismus bei der Erledigung von Haushaltsaufgaben macht das Leben schwierig statt simpel. Und – seien wir ehrlich! – den meisten Männern und allen kleinen Kindern ist eine entspannte Ehefrau und Mutter plus ein gemütlicher Haushalt weit wichtiger als ein immer »ordentlich« aufgeräumter.

Das schwarze Brett wirkt Wunder. Wo mehr als zwei Menschen wohnen, hilft ein Kommunikationspunkt beim Beziehungsmanagement. Eine Schultafel in der Küche, ein Magnetbrett im Flur. Egal. Hauptsache, alle gewöhnen sich daran, dass sie unabgesprochenes Weggehen, Termine für alle, ja, sogar Wünsche oder Ärgernisse hier aufschreiben oder anheften. Dann können sich weder Kind noch Partner darauf hinaus reden: Das habe ich nicht geahnt. Und die Mutter – meist ist sie ja die wichtigste Kommunikatorin – weiß immer Bescheid.

Wussten Sie schon?
Ärger so lange zu schlucken, bis sich eine Gelegenheit zu ruhiger Aussprache ergibt, macht nicht krank, sondern beschützt vor seelischen Verletzungen.

Lassen Sie den Partner zehn Minuten reden. Ohne zu unterbrechen. Einmal pro Woche. Oder pro Monat, wenn Sie gerade kein Streitthema haben. Klingt leicht? Ist es leider nicht, aber auf Dauer für jede Partnerschaft eine ungeheure Vereinfachung.

Wichtig dabei: Wer redet, wird weder mit Kommentaren noch mit Gegenargumenten unterbrochen. Schauen Sie auf die Uhr. Erst nach zehn Minuten (oder fünf oder 15, das legen Sie gemeinsam fest) ist der andere dran, dann wieder der erste. Und so weiter. Maximal eine halbe Stunde. Ist dann noch keine Lösung in Sicht, wird ein neuer Termin ausgemacht.

Der Vorteil besonders bei emotionalen Problemen wie dem Umgang mit Geld, Langeweile beim Sex oder Kindererziehung: Jeder Partner trainiert das Zuhören, muss derweil seine Spontanargumente schlucken, hat Zeit seine Antworten zu bedenken. Wetten, dass die nach fünf Minuten Schweigen einleuchtender formuliert werden können als im Direktstreit?

Sag doch bitte manchmal »Bitte«. Kindern versuchen Mütter das Bitte- und Dankesagen mühsam beizubringen. Weil sich das so gehört. Sie selbst erschweren sich die Kommunikation mit der Familie oft durch »Tu das!« und »Lass das«. Statt zu bitten. Und sich zu bedanken, wenn jemand ihre Bitten erfüllt. Weil sie glauben, innerhalb der Familie erkenne jeder ihre guten Absichten auch ohne solche Höflichkeiten. Falsch geglaubt. Das Aussprechen dieser kleinen Wörter, mit einem Lächeln, hat auf Kind und Partner dieselbe Wirkung wie Schmieröl auf Motoren. Ohne sie werden Familie und Motor ruiniert.

Fragen Sie nach den Vorlieben. Als Siebenjährige liebte Ihre Tochter Mousse au chocolat. Ob sie die mit 27 noch mag? Fragen Sie sie. Und fragen Sie die Großmutter, ob sie sich wirklich über Opernkarten zum Geburtstag freut. Vielleicht besuchte sie als junge Frau nur gern das Event, weil Großvater ein Opernfan war.

Viele Gewohnheiten werden über Jahrzehnte hinweg liebevoll weiter gepflegt, obwohl die Betroffenen sie gar nicht mehr interessant finden. Gerade innerhalb der Familie lohnt sich also das Fragen, auch wenn damit die eine oder andere vermeintliche Überraschung kaputt gemacht wird.

Der Simplicity-Effekt dabei? Ist doch logisch: Sie vermeiden Frust beim Beschenkten – und bei sich, weil Sie echte Freude ernten statt ein gequältes Höflichkeitsdanke.

Setzen Sie Erinnerungspunkte. Machen Sie Unsinn. Spontan! Kleineren Kindern gefällt so etwas ungeheuer. Laden Sie Tochter oder Sohn an einem Sommertag zum Picknick am nächsten Fluss ein. Oder im Winter zum Waldlauf. Oder mitten in der Woche ins Kino. Mein Vater nannte so etwas »Erinnerungspunkte setzen«, und er hatte Recht. Noch heute denke ich dankbar an Picknicks mit kalter Ente an der oberbayerischen Isar, an Badetrips zu eiskalten Bergseen, an Ausflüge zu alten Kapellen mit anschließendem Kuchen-mit-Sahne-Schlemmen im Dorfgasthof.

Das Beste daran ist der spontane Entschluss, alles stehen und liegen zu lassen und etwas Überraschendes zu tun. Selbst wenn man dafür am nächsten Tag mehr arbeiten muss – die ganze Familie freut sich noch Jahrzehnte später an den Erinnerungen.

Kinder in der Pubertät? Genau hinschauen, wenig sagen. Für die meisten Eltern ist es schwer, mit der plötzlichen Trotzigkeit und Ablehnung durch die Kinder fertig zu werden. Auch wenn sie in der Erinnerung an die eigene Pubertät wissen, dass diese Phase zum Erwachsenwerden unentbehrlich ist. Trotzdem sollten Sie Ihrem Kind auch weiter widersprechen, wenn es Mist baut, aber denken Sie daran: Sie müssen den Widerspruch begründen können.

Deshalb meine Empfehlung: Lassen Sie die jugendlichen Familienrebellen nicht allein. Schauen Sie ihnen geduldig zu, bleiben Sie die Auffangstation, wenn Ihr Kind in Schwierigkeiten kommt – und strafen Sie Fehlverhalten sofort. Nicht durch langfristigen Taschengeldentzug, sondern durch die Demonstration dessen, was sich als Konsequenz aus den Kinderfehlern ergeben könnte. Zum Beispiel wirkt ein Wochenende in der freiwilligen Drogenhilfe, wenn Sie bei ihm Rauschgift finden, weit mehr als ein Viermonateverbot für den Discobesuch.

Nicht empfehlenswert: ein zweites Kind, um die Ehe zu retten. Viele meiner Freundinnen haben es versucht. Sie wurden (meist »zufällig«) ein zweites Mal schwanger – nicht in der Hoffnung auf ein wunderbares Kind, sondern auf mehr Zusammenhalt zwischen sich und dem Partner. Diese Hoffnung trügt fast immer – außer beide haben über ihre Eheschwierigkeiten gesprochen und sehen die zweite Schwangerschaft nicht als Kette, die fesselt, sondern als Chance auf mehr gemeinsame Freude.

Wussten Sie schon?

Einzelkinder wachsen NICHT zu unglücklichen Menschen heran. Wenn sie früh in eine Kinderkrippe und in den Kindergarten gehen, sind sie auch nicht kontaktscheuer oder egoistischer.

Geld

Brauchen Sie wirklich mehr, als Sie haben?

Ich wette mit Ihnen: 98 von 100 Menschen finden diese Frage blöd und antworten mit Ja. Als Teilnehmer dieses Simplicity-Trainings ahnen Sie wahrscheinlich schon: Auch Kleinverdiener können mit ihrem Geld auskommen, wenn sie ihr Leben vereinfachen. Ohne sich ständig nach einem Lottogewinn zu sehnen. Und es ist gar nicht sooo schwierig.

Ein schlampig geführtes Haushaltsbuch ist besser als gar keines. Zumindest für ein Vierteljahr, wenn Sie glauben, dass Sie zu wenig Geld haben. Dabei kommt es nicht auf eine Zwei-Euro-Ausgabe mehr oder weniger an. Viel wichtiger: Jeder muss von Zeit zu Zeit einen Überblick bekommen, wohin sich sein Geld verkrümelt. Nur dann kann entschieden werden, was wirklich zum Lebensglück beiträgt, wo gespart werden könnte und wo sich eine Mehrinvestition lohnt. Das vereinfacht das Leben auf Dauer – wenn der Pleitegeier noch nicht auf einem Schuldenberg brütet. Tut er es schon, ist das Haushaltsbuch allerdings überlebenswichtig.

Genießen Sie den Euro. Auch wenn Sie nicht über die Grenzen Ihrer Heimat hinaus exportieren, aus einem anderen EU-Land Waren einführen oder dort Urlaub machen. Auf Dauer hilft die neue Währung beim Geldsparen. Weil nicht nur Autos billiger werden, sondern auch Mode und zum Beispiel Medikamente.

Nicht empfehlenswert: radikale Sparentschlüsse. Das Rauchen aufzugeben oder das geliebte Auto abzuschaffen – solche Negativentscheidungen stressen ungeheuer, wenn dahinter nicht die Hoffnung auf einen großen Glücksgewinn steht. Der kann aus mehr Gesundheit und Fitness bestehen, aus mehr Geld fürs Selbstständigmachen oder einem großen Urlaub. Es muss ihn aber geben. Vernunftgründe wie »Rauchen schadet Ihrer Gesundheit« oder »Autofahren verpestet die Luft« reichen nicht fürs langfristige

Durchhalten. Auch wenn der gesundheitliche Gewinn zunächst viel versprechend aussieht.

Bestellen Sie die Hälfte Ihrer Abos ab. Wie viele Zeitschriften und Magazine haben Sie abonniert? Wie viele lesen Sie wirklich? Und bei wie vielen Artikeln denken Sie: Das lese ich, wenn ich Zeit habe?

Wenn Ihre Papierhaufen die Zimmer überwuchern wie Efeu einen Baum, wird es Zeit, Abbestellungen zu schreiben. Und nur die Zeitungen und Magazine zu behalten, auf die Sie sich jede Woche, alle 14 Tage oder jeden Monat wirklich freuen.

Etwas, was das Abbestellen leicht macht: Alle Journalisten schöpfen aus denselben Quellen (meist internationalen Nachrichtenagenturen). Deshalb berichten alle Magazine meist gleichzeitig über dieselben Themen. Lohnt es sich wirklich – finanziell und intellektuell – mehr als eine Frauen- oder Computerzeitung, GEO und National Geographic, Zeit und Spiegel zu bezahlen? Nur weil ein »armer« Student Sie einst zu dem Abo überredet hat? Oder weil ab und zu doch etwas Außergewöhnliches drinsteht?

Wenn Sie so süchtig nach fremden, anregenden Gedanken und Ideen sind wie ich, heißt die Antwort: ja, natürlich. Wenn Sie anders denken, lohnt sich die Einschränkung. Schon damit man sich nicht weiterhin über die »Informationsüberflutung« beschweren muss …

Wussten Sie schon?
SSV, WSV und Co. kosten oft mehr Geld als sie einsparen. Weil man auf der Suche nach Schnäppchen gern mehr kauft als vorgesehen.

Vierteln Sie Ihr Einkommen. Rechnen Sie aus, was Sie fürs tägliche Leben brauchen – von Miete bis Mode, vom Handy bis zur neuen Handtasche. Das ist das erste Viertel (ganz unmathematisch bei den meisten von uns das größte). Das zweite geht in Rücklagen für Notfälle. Das dritte ist »Spielgeld« für Urlaub und die

Glücksüberraschungen, die sich jeder von Zeit zu Zeit gönnt. Erst das vierte dient der Zukunftsinvestition – als Rentenanlage, Bausparvertrag oder Börsenkapital. Klingt kleinkrämerisch? Richtig, aber es hilft beim Überblickbehalten.

Nicht empfehlenswert: unbegrenztes Vertrauen in Börsen-Gurus und Bankberater. Sie alle sprechen immer nur Empfehlungen aus, und zwar solche, an denen sie selbst verdienen. Auch wenn man sie jetzt juristisch für schlechte Ratschläge verantwortlich machen will – die letzte Entscheidung liegt immer bei Ihnen, und es lohnt sich, bei diesen Entscheidungen mehr auf das eigene Urteil zu hören als auf das der »Experten«. Wir sehen doch täglich, wie oft sie sich irren …

Wussten Sie schon?
Kluge Börsenzocker investieren immer nur das Geld in Aktien, das sie weder zum Leben noch als Zukunftssicherung brauchen.

Wie wichtig sind Ihnen die gewohnten Extras? Auch wenn Sie nicht sparen wollen oder müssen – checken Sie Ihre Routinewünsche. Sind die Ferien auf Mallorca wirklich immer noch ein Traum? Ist die jährliche Urlaubsreise nicht überhaupt zur Gewohnheit geworden? Weil alle anderen verreisen? Vielleicht wären Erholungswochen in der eigenen Stadt viel vergnüglicher? Ohne Kofferpacken, Flughafenstress und hohe Kosten? Und wie steht's mit den Weinvorräten im Keller? Oder der Nilpferdsammlung im Regal? Dem jeden Sonntag veranstalteten Kuchenfest?

Es lohnt sich, »Selbstverständlichkeiten« wie den Drang in den Süden und die Ferne mal kritisch zu begutachten, den Wunsch nach einem neuen Auto alle zwei Jahre (weil der Wiederverkaufspreis dann noch sooo schön hoch ist), die Sucht nach neuen Klamotten im Frühjahr und im Herbst. Muss das alles sein? Nur weil man sich daran gewöhnt hat?

Wer sparen muss oder will, braucht diesen Gedankencheck sowieso. Weil sich beim Verzicht die größten Beträge sparen lassen. Für Lebensvereinfacher empfiehlt er sich ebenfalls, weil sich so entdecken lässt, ob man dabei auf ein »Alle tun's, also ich auch« hereinfällt. Das passiert sogar überzeugten Individualistinnen. Auch sie machen eine Hochzeitsreise, obwohl sie vor der Heirat schon jahrelang mit dem Partner zusammenwohnten. Sie kaufen die aktuellen Schuhe mit Stiletto-Absätzen, obwohl sie in den Mokassins vom letzten Jahr viel besser laufen. Und so weiter.

Wäre Ihr Leben nicht viel leichter, wenn Sie den Satz »Man macht das so« einfach aus Ihrem Gedächtnis und dann aus Ihrem Leben streichen würden?

Nicht empfehlenswert: in Brautmodengeschäften einkaufen. Mal abgesehen von Brautkleid und Schleier: Schuhe, Handschuhe, ja sogar der Brautstrauß sind im Brautladen fast immer teurer als anderswo. Viele Juweliere verlangen für Eheringe mehr als für normale Goldringe. Sparsame kaufen sie bei türkischen Juwelieren, denn die kalkulieren meist nur den ausgewogenen Goldpreis.

Wussten Sie schon?
Hochzeitsreisen sind besonders stressreich. Weil beide Partner meinen, sie müssten jetzt besonders glücklich sein. In einer privaten Umfrage habe ich festgestellt: 70 Prozent aller frisch Verheirateten geben zu, dass sie sich während diesem »Zwangsurlaub« häufiger gestritten haben als in jedem anderen.

Welcher Geldtyp sind Sie? Spätestens mit 30 sollten Sie es wissen, denn es gibt nur zwei: die Sicherheitssucherin und die Genussfrau. Nummer eins spart für morgen und erntet dafür gesellschaftliche Anerkennung. Nummer zwei gibt ihr Geld heute aus und wird dafür oft getadelt.

Erkennen Sie sich selbst – und gönnen Sie sich auch als Sicherheitssucherin ab und an ein Zwischendurchvergnügen. Immer nur für die ferne Zukunft zu sparen verdirbt die Freude am Heute. Als Genussfrau sollten Sie wenigstens eine Lebensversicherung abschließen, sonst müssen Sie im Alter absolut genusslos leben.

Nicht empfehlenswert: hohe Überziehungskredite. Banken wissen genau, dass die meisten Menschen sich geehrt fühlen und bestätigt, wenn sie einen hohen Dispokredit bekommen – und 80 Prozent nützen ihn aus. Obwohl sie damit der Bank das höchste Zinsgeld schenken, das die überhaupt einnehmen kann. Simplicity-Sucher verzichten darauf. Und wenn sie ihr Konto schon bis an den Rand der Dispositionsgrenze überzogen haben, fordern sie die Umwandlung des Minus in einen Normalkredit, der monatlich abgezahlt wird.

Banker mögen das nicht, weil sie am Schuldner weit weniger verdienen, aber sie spielen mit. In der Hoffnung, dass sie anschließend an Dispo UND Ratenkredit verdienen. Verderben Sie ihnen das Geschäft. Es lebt sich weit ruhiger, wenn das Konto nicht überzogen wird.

Nicht empfehlenswert: Konsumentenkredite. Fürs neue Auto, für die Wohnzimmermöbel, zur Anschaffung einer teuren Hi-Fi-Anlage – für alles können Sie einen Kredit bekommen. Wenn nicht vom Verkäufer, dann von Ihrer Bank. Nehmen Sie ihn NICHT in Anspruch, wenn Ihnen Ihre Lebens-Simplicity lieb ist. Millionen Menschen haben mit solchen Krediten schon den Überblick über die eigenen Finanzen verloren und sind in bösartige Schuldenfallen getappt.

Zahlen Sie bar. Ökonomen finden so einen Rat völlig absurd. Wozu gibt es Kreditkarten? Damit die Wirtschaft durch vermehrten Konsum angeregt wird!

Trotzdem: Für Simplicity-Sucher vom Geldtyp Genussfrau, die nicht ständig aufschreiben, wie viel sie ausgeben, und sich nicht zurückhalten, wenn der Kontostand in Richtung null tendiert, ist das Bezahlen per Karte keine Vereinfachung, sondern Lebenserschwernis. Weil es Geldsorgen maximiert, statt sie zu verkleinern.

Sparen Sie Zwei-Euro-Münzen. Es lohnt sich! Ich räume sie regelmäßig aus meinem Geldbeutel in ein altes Schmuckkästchen und habe damit am Jahresende rund 300 Euro gespart. Ohne jede Mühe. Ich drittle die Summe meistens – zwei Drittel für ein Überraschungsgeschenk an mich selbst, eines als Spende für irgendeine Kinderhilfsorganisation, Ängstlichsparer legen alles gut an. Wie auch immer – eine leichtere Art des Geldhortens gibt es nicht.

Noch sinnvoller ist natürlich der Dauerauftrag an Ihre Bank, jeden Monat einen bestimmten Betrag zur Sparanlage abzubuchen. Ich habe das nur geschafft, als ich noch fest angestellt war – und das Angesammelte dann doch meist für eine Genussfreude ausgegeben, aber vielleicht sind Sie ja vernünftiger als ich.

Nicht empfehlenswert: Lotto und Toto. Die Chance auf einen Gewinn ist noch kleiner als die auf die Erfüllung des weiblichen Urwunsches nach einem Partner, der reich, zärtlich, schön, väterlich und bis zur Goldenen Hochzeit treu ist. Aber das wöchentliche Hoffen macht Ihnen Spaß? Genießen Sie es weiter.

Ich finde dennoch: Der Abschied von vergeblichen Hoffnungen macht das Leben leichter. Und spart auf Dauer eine Menge Geld.

Nicht empfehlenswert: immer nur sparen. Auch wenn der Verzicht auf Überflüssiges das Leben erleichtert – oft macht gerade das NICHT-Notwendige am meisten Vergnügen. Es gibt keine Frau, die die Ausgabe für ein Ballkleid nicht genießen würde (obwohl sie weiß, dass sie es nur ein- oder zweimal tragen wird). Dasselbe gilt (für mich) für ein wirklich gutes Essen im Luxusrestaurant. Ab und an brauchen auch die Fans des einfachen Lebens ein wenig Luxus.

Falls Sie sogar an Kleinigkeiten sparen wollen – hier die Empfehlungen eines wirklich Geizigen:

- Duschen statt Baden senkt die Wasserrechnung.
- Abends nur in dem Zimmer Licht anmachen, in dem man sich gerade aufhält, drückt den Strompreis,
- der Verzicht auf Stand-by bei Computer, Fernseher oder anderen Geräten ebenfalls.
- Ein Kleinwagen statt Cabrio oder Limousine spart Benzin.
- Großpackungen von Tempotaschentüchern, Tomatensauce oder Thunfischdosen sind meist billiger als Einzelstücke.
- Und wozu brauchen Sie im Winter eine wirklich warme Wohnung? 20 Grad tun's auch;
- Genauso wie graues Toilettenpapier, No-name-Spaghetti statt original italienische Pasta, Hongkong-Jeans statt Levis oder Joop.

Dauerspenden an Greenpeace oder Kinderpatenschaften mit regelmäßig vom Konto abgebuchten Beträgen findet mein Geizberater übrigens genauso überflüssig wie zwei Euro im Hut eines Bettlers.

Gönnen Sie sich einen guten Steuerberater, sobald Sie mehr als einen Minimallohn verdienen. Das gilt nicht nur, weil er für Sie spart. Noch wichtiger: Ihm können Sie Ihr ganzes Ausgabenchaos auf den Schreibtisch packen und sein Sekretariat ordnet es für Sie. Das, so finde ich, ist seinen Preis wert.

Wussten Sie schon?

Spargel, Erdbeeren oder frischer Spinat kosten im Januar tatsächlich doppelt so viel wie in ihrer heimischen Saison.

Nicht empfehlenswert: Leihgeld von Freunden. Ja, wenn die Freunde nett sind, müssen Sie keine Zinsen bezahlen, aber Geldgeschäfte wirken auf Freundschaften wie Schnupfenviren auf Ihre Gesundheit. Sie gefährden die Wellness, selbst wenn Sie alles termingerecht zurückzahlen. Der Schuldner fühlt sich immer unterlegen, der Geber neigt oft genug zur Herablassung. Lohnt sich das? Ich finde: Größere Beträge sollte man sich von seinen Freunden nur in absoluten Notfällen leihen!

Nicht empfehlenswert: Vertrauen in die Luxuswerbung, die Ihnen einreden will: Alles, was teuer ist, ist auch besonders gut, haltbar und praktisch. Luxusuhren sind eher empfindlicher als die Billigstücke von Swatch. Das superfeine Leder von Luxushandtaschen verträgt oft keinen Regentropfen. Die Absätze von Luxusschuhen brechen ebenso schnell ab wie die von billigen, sie misshandeln Zehen und Fersen ebenso oft. Und auf edler Satinbettwäsche sehen Flecken noch hässlicher aus als auf billiger Baumwolle. Wenn Schönheit und Statuswert das alles für Sie aufwiegt – prima, aber beschweren Sie sich nicht, wenn Ihr Luxus mehr Fürsorge und Pflege braucht als meine praktischen Einkäufe.

Streiten Sie sich mit Ihrem Partner über Geld – am Anfang Ihrer Beziehung. Es lohnt sich, denn beim Thema Geld geht es auch immer gleichzeitig um Gefühle, um Sicherheit, um das Streben nach Glück, um die Suche nach Anerkennung als großzügiger oder sparsamer Mensch. Geldentscheidungen haben deshalb keineswegs immer mit Logik zu tun, weit weniger als die meisten Männer zugeben wollen. Deshalb scheitern so viele Beziehungen (auch) am Streit um Geld.

Wenn Sie (beispielsweise) Geld eher als Glückslieferant sehen, Ihr Partner aber Sicherheit für das wichtigste Lebensziel hält, hat Ihre Partnerschaft keine großen Chancen auf Dauerhaftigkeit. Ihr Wunsch, das Weihnachtsgeld für ein gemeinsames Wochenende im Romantikhotel auszugeben, führt garantiert zur direkten Konfrontation. Denn seiner Meinung nach wäre das Geld weit besser auf einem Bausparkonto aufgehoben. Je früher man solche Ge-

gensätze austestet, umso besser. Und am besten, bevor man sich auf eine langfristige Bindung einlässt, weil Nachgeben auf Dauer keinen glücklich macht.

Wussten Sie schon?
Bei über 80 Prozent aller Scheidungen wird um Geld gestritten. Weil endlich jeder offen zu sagen wagt, wie wichtig es ihm wirklich ist. Und man spätestens beim Gespräch mit dem Scheidungsanwalt lernt, wie gut es sich als Mittel der Rache einsetzen lässt.

Lassen Sie Ihr Kind erben – lange bevor Sie sterben. Haben Sie etwas zu vererben? Dann lassen Sie Ihr Kind nicht darauf warten. Gönnen Sie sich die Freude des Schenkens, solange Tochter oder Sohn noch jung genug sind, um Ihr Geld zum Aufbau eines eigenen Lebens zu nutzen (und beide sparen auf diese Weise Steuern!).

Stellen Sie sich vor, Sie erreichen auch nur das Durchschnittsalter von 80 Jahren. Dann ist Ihr »Kind« mindestens 50. Hätte es einen Teil Ihres Vermögens mit 30 nicht viel dringender gebraucht?

Lassen Sie abbuchen oder erteilen Sie Ihrer Bank Daueraufträge für Zahlungen, die Sie regelmäßig leisten müssen. Ich dachte, das wäre für Simplicity-Fans eine Selbstverständlichkeit, aber eine Umfrage im privaten Freundes- und Bekanntenkreis ergab: ist es nicht. Manch einer meint, es sei sicherer, die geforderten Beträge jeden Monat selbst zu überweisen. Na ja, wenn diese Menschen das gut finden …

Ich bin überzeugt: Auch auf die Gefahr hin, dass mal etwas falsch abgebucht wird – für mich ist das Nicht-dran-denken-müssen, an Miete, Handyrechnung, Autosteuer und Versicherungen eine echte Lebensvereinfachung.

Verlangen Sie mehr – und verzichten Sie dann. Ein frecher Trick, aber er funktioniert. Wer von einem Geschäftspartner plötzlich mehr Geld fordert und sich dann widerstrebend zu einem Verzicht überreden lässt, wirkt großzügig. Weil der andere nach dem Schock nur in Erinnerung behält, dass er den Schaden für sich selbst abgewendet hat. Bei der nächsten Verhandlung wird er dann zum Nachgeben bereit sein – weil er ja letztes Mal gesiegt hat.

Gesundheit

Sorge dich nicht – lebe!

»Die völlige Abwesenheit von körperlichen oder seelischen Leiden«, so wird heute Gesundheit offiziell definiert, aber einen solchen Idealzustand erleben wir allenfalls zeitweise. An Normaltagen zwickt's uns mal in der Nase, mal im Magen. Oder die Seele stöhnt. »Gar nicht um kümmern«, sagt man im Norden Deutschlands, aber das ist nur eine Möglichkeit für Gesundheits-Simplicity. Es gibt bessere.

Suchen Sie sich einen Hausarzt. Nicht weil die Krankenkassen das wollen, sondern weil niemand Sie auf Dauer so pfleglich behandelt. Schließlich verdienen Ärzte längst nicht mehr so viel wie früher. Sie sind heute Dienstleister statt »Götter in Weiß«. Für Ihre Gesundheit.

Außerdem kennt Sie Ihr Hausarzt nach ein paar Jahren sozusagen in- und auswendig. Ihm brauchen Sie also nicht mehr viel zu erklären. Er weiß, welche Medikamente Sie gut, welche Sie schlecht vertragen, welche Zipperlein oder Beschwerden Sie plagen.

Aber: Wechseln Sie den Arzt so lange, bis Sie einen wirklich sympathischen finden. Dieser Zeitaufwand ist eine gute Investition in Ihre Gesundheit.

Wussten Sie schon?
In Europa bekommen fast alle Menschen genügend Vitamine – auch wenn sie keine Vitamintabletten schlucken. Die empfehlen Mediziner nur für alte Leute und starke Raucher.

Schlafen Sie so kurz, wie es Ihnen passt. Die neuesten Schlafstudien ergaben: Nicht alle Menschen brauchen sieben Stunden Schlaf pro Nacht. Es schadet auch gar nichts, wenn mal eine Zeit lang weniger geschlafen wird, als es der individuelle Körper gern hätte. Heute weiß man, dass wir Schlafmangel mit zwei Langschlaftagen wieder ausgleichen können.

Schlafen Sie warm, wenn Sie sich dabei wohler fühlen. Mutters Behauptung, dass Schlafzimmer nachts kalt sein MÜSSEN, wurde längst widerlegt. Dasselbe gilt fürs nachts geöffnete Fenster. SIE entscheiden, was IHNEN am besten bekommt.

Schlafen Sie mit Routine. Jeden Abend zur selben Zeit ins Bett, den Wecker morgens immer zur selben Uhrzeit klingen lassen, selbst am Wochenende oder im Urlaub – das ist der erprobte Rat der Schlafmediziner für hartnäckige Fälle von Schlaflosigkeit. Bei Kindern wie bei Erwachsenen. Weil sich der Körper daran gewöhnt, die innere Uhr sich auf die vorgegebenen Zeiten einstellt. Leider nicht sofort, aber innerhalb weniger Wochen.

Es darf auch eine Schlaftablette sein. Wer nicht schlafen kann, leidet. An Körper und Seele. Trotzdem halten viele die Pillen, die gegen Ein- oder Durchschlafstörungen verschrieben werden, für gefährliche Krankmacher. »Daran gewöhnt man sich viel zu leicht«, warnen die Gegner in Medien und im privaten Kreis. Man wird angeblich süchtig! – Kann sein, muss aber nicht.

Heute gibt es so viele unterschiedliche Mittel, dass jeder das für ihn passende Medikament finden kann. Mein ärztlicher Vater pflegte sogar zu sagen: »Schlafen ist für Gesundheit und Wohlbefinden wichtiger als die (bei manchen Medikamenten tatsächlich vorhandene) Gefahr einer Abhängigkeit.«

Ihre Entscheidung. Mir haben Schlafmittel in Stresszeiten das Leben sehr vereinfacht. Aber fragen Sie doch einfach Ihren Arzt!

Wussten Sie schon?

Eines der angenehmsten »Medikamente« für guten Schlaf und schöne Träume ist ein Spritzer Ihres Lieblingsparfums auf die Handgelenke und die Halskuhle. Der Duft entspannt Sie fürs erste Einschlafen und nützt ebenso sicher, wenn Sie nachts mal aufwachen und nicht gleich wieder wegtauchen.

Schlafen Sie, solange Sie wollen! Schlafforscher empfehlen einen Durchschnitt von sieben bis acht Stunden. Was darüber ist, sei ebenso von Übel, sagen sie, wie kürzere Schlafzeiten. Glauben Sie ihnen nicht. Napoleon kam mit drei Stunden aus, Goethe brauchte zehn pro Nacht, und Sie sind auch kein Durchschnittsmensch. Sorgen Sie nur dafür, dass Sie im Durchschnitt der Wochen so viel bekommen, wie es Ihr Wohlgefühl verlangt.

Nicht empfehlenswert: Angst vor Dreck. Oder vor den in ihm verborgenen Bakterien. Simplicity-Sucher zerbrechen sich darüber nicht den Kopf. Sie wissen:

Das Immunsystem hat sich von Kindheit an darauf trainiert, mit Dreck und seinen (nur vielleicht) gefährlichen Bestandteilen fertig zu werden. Vertrauen Sie ihm – und lassen Sie auch Ihr Kind trainieren, wenn Sie Mutter sind. Es braucht die Ansteckung im Kindergarten, in der Schule, um genügend Antikörper gegen die gängigen Keime zu entwickeln. Verwöhnen Sie es also nicht durch die Verwendung von »antibakteriellen« Putzmitteln. Die sind allenfalls sinnvoll, wenn in Ihrer Familie eine Durchfallerkrankung grassiert. Sonst ist Abhärtung auf Dauer das bessere Bakterienabwehrrezept.

Wussten Sie schon?
Krippen- und Kindergartenkinder sind als Erwachsene im Durchschnitt gesünder, leiden auch seltener an Allergien als behütete Einzelkinder, die erst als Schulanfänger mit fremden Bakterien in Kontakt kommen.

Die vier besten Vorsorgeregelungen:

- Eine vernünftige Mutter, die einen als Kind impfen ließ.
- Die regelmäßige Wiederholung der Impfungen.
- Gesunde Zähne durch regelmäßigen Zahnarztcheck.
- Kondome, wenn die Lust auf Sex nicht nur vom Dauerpartner befriedigt wird.

Die wichtigsten Vorsichtsmaßnahmen bei Reisen in tropische Länder:

1. Nur Obst mit abziehbarer Schale und keinen grünen Salat verzehren! Auch keine frischen Tomaten, wenn die Haut nicht vorher abgezogen wurde.
2. Nur abgekochtes Wasser oder im Westen abgefüllte Getränke (nicht alle Hersteller in den Entwicklungsländern nehmen es mit der Hygiene so genau wie die westlichen) trinken.
3. Keine Eiswürfel! Schließlich werden sie aus Leitungswasser gemacht, und das trinken Sie doch auch nicht, oder?
4. Mückenschutzcreme auf alle nackten Stellen auftragen, abends langärmelige Oberteile und lange Hosen wählen, nachts ein Moskitonetz. Nicht nur als Malariaschutz, sondern auch weil der Körper mit dem Gift fremder (tropischer) Mücken schlechter fertig wird als mit dem der heimatlichen, an das er gewöhnt ist.
5. Impfungen gegen Tropenkrankheiten nicht vergessen! Fragen Sie Ihr Reisebüro UND das örtliche Gesundheitsamt.
6. Unbedingt scharf essen! Curry, Chili und Pfeffer, aber auch Knoblauch töten feindliche Bakterien schon im Essen. Nachweisbar. Wer sich an scharf gewürzte Gerichte wagt, schützt sich also vor Krankheiten!

Lassen Sie sich anfassen. Am besten natürlich von einem geliebten Partner, aber wenn's den gerade nicht gibt, tut's auch ein Masseur, ein Shiatsu-Guru, eine hawaiische Heilerin oder eine Kosmetikerin, die das Gesicht behandelt.

Mediziner verordnen Massagen nur um körperliche Beschwerden zu heilen, aber Ärzte, die auch etwas von Psychologie verstehen, wissen: Erwachsene brauchen Körperkontakt so dringend wie Babys. Besser bezahlten als gar keinen. Weil jede dieser Massagearbeiten über Haut, Muskeln und Sehnen auch die Seele berührt – und ihr gut tut.

Wussten Sie schon?
Wenn Schwestern und Pfleger in Krankenhäusern ihre Patienten oft berühren, werden die schneller gesund. Schon ein gelegentliches Streicheln der Hände hat einen guten Effekt.

Nicht empfehlenswert: Gesundheitsseiten lesen! Natürlich ist Gesundheit jedem wichtig. Menschen, die sich's leicht machen wollen, besonders. Nichts erschwert uns das einfache Leben mehr als eine Krankheit. Aber: Redakteure in Presse, Fernsehen und Funk picken sich aus dem täglichen Nachrichtenschwall als Erstes die Horrormeldungen heraus. Sie wissen aus Erfahrung, dass sie damit am meisten Leser, Zuschauer, Hörer anlocken. Weil wir uns alle am liebsten Sorgen um uns selbst machen. Das Dumme dabei:

Von Cholesterin über BSE bis zu Krebswarnungen für Frauen, die in den Wechseljahren Hormontabletten nehmen – jedes neue Forschungsergebnis über Gefahren und Fehler beim Essen wie Nebenwirkungen von Pillen wird als Katastrophe verkündet. Spätere wissenschaftliche Untersuchungen, die die drohende »Lebensgefahr« für alle wieder auf das Maß eines beherrschbaren «Risikos« für Einzelne herunterfahren, erscheinen nicht mehr als Knüller, sondern nur noch als Minimeldung unter »ferner liefen«.

Mein Rat: Vertiefen Sie sich NICHT in die Gesundheitsseiten Ihres Lieblingsmagazins. Hören Sie weg, wenn Nachrichtensprecher nach Fisch (Nematoden!), Eiern (Cholesterin!), Fleisch (BSE & Antibiotika!) ein neues Lebensmittel schlecht machen. Oder wieder mal eine Meldung über Gefahren aus den Laboratorien der Pharma-Unternehmen verkünden.

Nichts verkompliziert das Leben mehr als Angst. Simplicity findet sich NIE in den groß aufgemachten Geschichten, die uns das Gruseln lehren! Meist ergeben »neueste Studien« ein paar Monate später, dass Eieressen längst nicht so gefährlich fürs Herz ist, wie ursprünglich angenommen, dass die Deutschen keineswegs zu viel Salz essen (in den ersten Statistiken war die gesamte

Salzproduktion angeblich in den Kochtöpfen gelandet, inklusive Streu- und Viehsalz), dass Zucker weit unschädlicher für die Figur ist als bisher angenommen.

Summa summarum: Viele Warnungen sind Übertreibungen. Weil auch Wissenschaftler mediengeil sind und Redakteure sich aus den Forschungsberichten am liebsten das zur Veröffentlichung herauspicken, was sich gut verkaufen lässt. Einfach weil es Angst macht.

Nicht empfehlenswert: Angst vor Salmonellen in Eiern und Fleisch, E.coli-Bakterien in Rohwurst und auf Salat und Listerien zum Beispiel in Rohmilchkäse, also vor gefährlichen Mikroorganismen in Lebensmitteln. Erstens sind sie alle nur für kleine Kinder oder durch Alter oder Krankheit geschwächte Menschen gefährlich. Zweitens gefährden sie unsere Gesundheit weit weniger als in früheren Zeiten Typhus, Cholera, Pocken oder Kinderlähmung. Drittens werden von den rund 100000 Menschen, die pro Jahr wegen Erkrankungen durch Lebensmittelbakterien ins Krankenhaus kommen, wirklich fast alle nach wenigen Tagen wieder gesund entlassen.

Also: Sorgen Sie sich nicht zu sehr. Genießen Sie Ihr Essen. Und wenn es Sie wirklich mal erwischen sollte – dann denken Sie daran, wie gefährlich Ihre Urgroßeltern lebten, als es die modernen Lebensmittelkontrollen noch nicht gab. Nur weil so gründlich kontrolliert wird, gibt es so viele Warnmeldungen in den Medien.

Wussten Sie schon?

»Mehr Bewegung« ist nicht nur für Jüngere gesund. Es fördert auch die Gesundheit, wenn Sie die 30 überschritten haben. Nur drei Monate Muskeltraining verschafft Menschen zwischen 60 und 90 einen Kraftzuwachs von 50 Prozent. Das Risiko von Herz- oder Kreislauferkrankungen, Krebs und Diabetes sinkt dabei erheblich.

Genießen Sie Fastfood. Und gönnen Sie es Ihren Kindern! Es ist besser als sein Ruf!

Jahrelang versuchten Ernährungswissenschaftler uns einzureden: Fastfood sei gesundheitsschädlich. Quatsch. Oder präziser: Fastfood macht höchstens dann krank, wenn Menschen nichts anderes mehr essen.

Nehmen wir den »Hamburger«. Er liefert vom Magen gut zu verarbeitendes Fleischeiweiß, mit dem Ketchup wertvolle pflanzliche Inhaltsstoffe und mit dem Labberbrötchen sogar ein paar sättigende Kohlenhydrate. Wer dazu einen frischen Salat isst oder ein Glas Orangensaft trinkt, bekommt auf diese Weise eine – aus ernährungswissenschaftlicher Sicht – ausgewogene Mahlzeit.

Dass Brat- oder Currywurst mit Mayo gesund sind, wage auch ich nicht zu behaupten, aber wer ernährt sich schon ausschließlich davon? Ab und an gegessen, schaden sie nicht. Dasselbe gilt für Döner und Pizza vom Imbissstand, das norddeutsche Krabbenbrötchen und die bayerische Weißwurst.

Und was ist mit Kartoffelchips oder gesalzenen Nüssen? Na ja, Nüsse liefern wenigstens ungesättigte Fettsäuren, die das Herz schonen, das übrige Knabberzeug dient nur den Fettpolstern.

Aber: Wie oft Sie danach greifen, ist Ihre Entscheidung. Mein simpler Simplicity-Tipp: Gar nicht erst kaufen, zumindest nicht, wenn Sie schlank bleiben oder werden wollen!

Faulheit festigt die Gesundheit. Fitte, so heißt es heute, sind gesünder als Faule. Richtig? Kommt darauf an. Wenn Faulheit gleichzeitig Gelassenheit bedeutet, ist sie sehr gesund. Gelenke werden geschont, Knochen brechen nicht bei Stürzen, Sehnen verzerren sich nicht. Und die Nerven schwingen im Einklang mit der friedlichen Umgebung. Faule, die sich ihre Gesundheit nicht durch zu viel fettes Essen verderben, werden uralt. Warum sonst hätten Nonnen und Mönche – zumindest in Klöstern, in denen mehr gebetet und meditiert wird als hart gearbeitet – die höchste Lebenserwartung?

Fitness darf klein anfangen – zumindest wenn Sie vorher jahrelang keinerlei Sport betrieben haben. Täglich fünf Minuten gehen, laufen, seilspringen, Rad fahren reicht erst mal. Bis Sie Lust auf mehr bekommen. Wer sich gleich am Anfang seiner Fitnesskarriere zu sehr fordert, gibt in 90 Prozent aller Fälle auch gleich wieder auf.

Wussten Sie schon?
Fitness- und Sportschweiß stinkt bei Fleischfans unangenehmer als bei Vegetariern. Je mehr Eiweiß aus Hülsenfrüchten, Eiern und Milch geholt wird statt aus Steak und Schinken, umso aufdringlicher riecht der Schweiß.

Ein neues Gebiss statt ein neues Auto! Kein Arzt ist so gefürchtet wie der Zahnarzt. Trotzdem: Wer nicht von Natur aus mit unverwüstlichen Zähnen gesegnet ist (und sie regelmäßig pflegt!), tut einen großen Schritt zur Lebensvereinfachung, wenn er sich die Zähne einmal von vorn bis hinten, von oben bis unten sanieren lässt. Auch wenn das so viel kosten kann wie ein neues Auto. Es lohnt sich:

- Weil Krankheitsherde in den Zähnen Krankheitskeime in den Körper schicken.
- Weil nichts das Wohlbefinden eines sonst gesunden Menschen so stört wie Zahnschmerzen.
- Weil der Zahnarzt bei einer kompletten Zahnsanierung gleichzeitig viel für die Schönheit tun kann, denn strahlend weiße, gleichmäßige Zähne machen jedes Lächeln schöner und selbst Schüchternen das Lächeln einfacher.
- Weil man sich dann jahrzehntelang keine Sorgen mehr um das Gebiss machen muss.

Zugegeben: Loch für Loch stopfen ist billiger, weil da die Krankenkassen die meisten Kosten übernehmen. Wer sich das Leben jedoch auf Dauer leicht machen will, hat mehr von einer einmaligen Totalsanierung.

Ach ja, nicht vergessen: Regelmäßiges Zähneputzen erhält die Zahngesundheit. Es muss aber nicht nach jedem Essen sein! Informierte Zahnärzte sagen heute: Damit werden Zahnschmelz und Zahnfleisch auf Dauer härter strapaziert als nötig. Morgens und abends ist nach neuesten Studien genug!

Wussten Sie schon?
Depressionen können auch genetisch bedingt sein. Aber: Leidet ein eineiiger Zwilling daran, hat der andere immerhin eine 60-Prozent-Chance auf ein fröhliches Leben. Die Angst vor Krankheitsgenen ist also oft überflüssig. Wie die Astrologie bestimmen sie nicht das Schicksal, sie geben allenfalls ein Risiko an.

Nicht empfehlenswert: totales Vertrauen auf »Natur pur«. Viele Menschen glauben: Eine Kräutertinktur, eine Pille mit pflanzlichen Inhaltsstoffen seien gesünder als eine Tablette oder Tropfen aus den Labors der Pharmafirmen. Falsch! Einmal weil Heilmittel aus der Natur oft gleichzeitig Gifte sind. Wer sie nicht genau dosiert, kann sich damit mehr schaden als nützen. Zum anderen weil ihre Herstellung oft längst nicht so streng überwacht wird wie die der Retortenmedikamente. Deshalb ist manch ein »Natur«-Mittel unwirksam (ihr Heilungsversprechen beruht auf Glauben, nicht auf wissenschaftlich anerkannten Beweisen).

Nach einer Untersuchung der Überwachungsbehörden gefährden einige sogar die Gesundheit, weil sie Schadstoffe enthalten. Deshalb fragen Vorsichtige ihren Arzt oder Apotheker, ob das empfohlene Naturheilmittel wissenschaftlich getestet und die Dosierung genormt ist. Wenn nicht – sparen Sie sich das Geld.

Wussten Sie schon?
Gewürznelken helfen gegen Zahnschmerzen. Kauen Sie eine der Trockenknospen, um die Zeit bis zum Zahnarzt-

termin zu überbrücken. Die Inder tun's seit Jahrtausenden. Wissenschaftliche Studien bewiesen vor kurzem – zu Recht!

Die perfekte Gesundheitsförderung: reichlich Mineralwasser. Wer viel trinkt, macht seinem Stoffwechsel das Leben leicht. Wer viel Mineralwasser trinkt, liefert dem Körper gleichzeitig die notwendigen Mineralstoffe und bleibt leichter schlank als andere, weil besonders kohlensäurehaltiges Mineralwasser – vor und zu dem Essen getrunken – den Appetit dämpft. Noch gesünder sind nur Obstsäfte, denn sie liefern zusätzlich Vitamine und andere pflanzliche Inhaltsstoffe, die das Herz und vor Krebs schützen.

Wussten Sie schon?
Erwachsene brauchen mindestens zwei Liter Flüssigkeit pro Tag. Im Durchschnitt. Wenn Sie sich mit mehr wohler und gesünder fühlen – bleiben Sie dabei.

Ein Hoch auf Mutters Wundermittel! Kalte Wadenwickel gegen Kopfschmerzen oder Fieber, Hühnerbrühe gegen Erkältungen und Abgespanntheit, heißer Zitronensaft oder heiße Milch mit Honig gegen Husten und Heiserkeit – sie helfen wirklich. Ihre Heilkraft ist wissenschaftlich nicht immer nachweisbar, aber wenn Ihnen die Wundermittel Ihrer Mutter oder Oma gut tun – verwenden Sie sie weiter. Die Wirkung einer Krankheitsbehandlung beruht oft auf dem Glauben daran. Nicht bei der chirurgischen Entfernung eines entzündeten Blinddarms, aber bei Kopfweh, Erkältung, nur ab und an auftretender Schlaflosigkeit und anderen »harmloseren« Gesundheitsstörungen.

Wie wär's, wenn Sie Ihren Stress genießen? Ja, ich weiß: Wenn der Chef mobbt, statt zu managen, das Kind nervt, das Geld nur noch fürs Notwendigste reicht, dann wird Stress zum Krankmacher.

Aber: Ohne Stress (oder anders gesagt: ohne Unzufriedenheit mit den Lebensumständen) wären weder Gewerkschaften noch Betriebsrat, weder Kinderkrippen noch Überziehungskredite erfunden worden.

Deshalb mein Tipp zur Lebensvereinfachung: Betrachten Sie Stress als Geschenk. Benützen Sie ihn, um die Welt aus einem neuen Blickwinkel zu sehen. Fragen Sie sich nicht nur: Wie kann ich den Stress vermindern?, sondern auch: Was kann ich tun, um aus dem Frust Lust zu machen?

Besonders diese Frage lenkt ab vom Leiden am Belastungsstress. Sie verwandelt ihn in die Chance, sein Glück selbst zu schmieden. Das stärkt das Immunsystem – und die Lebensfreude! –, statt es zu schwächen.

Lassen Sie Ihre Darmflora in Frieden! Selbst wenn sie sich weigert, Ihnen jeden Tag einen großen Haufen zu liefern. Das ist normal! Wir müssen nicht täglich, regelmäßig ein großes »Geschäft« machen. Wenn es mal drei oder vier Tage nicht drängt, vergiftet der Darminhalt keineswegs den ganzen Körper. Deshalb sind Abführmittel überflüssig.

Es stört Sie trotzdem? Besonders in den ersten Urlaubstagen, in denen viele dank einer ungewohnten Ernährung an Verstopfung »leiden«? Trockenpflaumen oder Pflaumensaft, Joghurt mit probiotischen Bakterien oder reichlich Essig im Salat regen die Darmflora sanfter an als Medikamente.

Sie bestehen trotzdem auf ärztliche Behandlung? Dann fragen Sie Ihren Hausarzt mal, wie lange eine Verstopfung als harmlos angesehen wird. Die Antwort lautet nämlich: mindestens eine Woche. Zumindest wenn Sie keine anderen Beschwerden haben als ein leichtes Völlegefühl.

Übrigens: Auch Durchfall ist aus Medizinersicht nicht gleich behandlungsbedürftig. Nur wenn Sie nach drei Tagen immer noch mehr Zeit auf dem Klo verbringen als anderswo, sollten Sie Ihren Arzt um Hilfe bitten.

Wussten Sie schon?
Gegen Durchfall, auch bei Kindern, wirkt frisch geriebener Apfel – mit Schale! Gegen Verstopfung können Sie sich ein schnelles Apfelmus kochen: Apfelschnitze zehn Minuten in etwas Wasser dünsten, essen, abwarten. Zwei, drei Stunden später wirkt es.

Nicht empfehlenswert: Gentests aus dem Supermarkt. In Großbritannien gibt es sie schon – kleine Plastikstäbchen mit Watte an der Spitze. Damit reibt man sich die Wangeninnenseite ab und schickt das Ding ordentlich verpackt ins Genlabor. Von dort erfährt man dann, ob neun der eigenen Gene sich vom Durchschnitt aller Menschen unterscheiden. Und den Genbesitzer deshalb anfällig für bestimmte Krankheiten machen.

Wenn jemand danach tatsächlich sein Leben von leichtsinnig auf vernünftig umstellt, etwa das Rauchen aufgibt, auf Schnaps, Bier und Wein (in größeren Mengen) verzichtet, statt viel Fleisch in Zukunft viel Gemüse isst – sehr gut. Selbst diese Menschen müssen aber lernen, mit ihrer Angst vor Krankheit und frühem Tod zu leben. Ob das nicht mehr schadet als nützt? Angst ist ein gefährlicherer Krankmacher als die meisten Viren.

Wer sich das Leben leicht machen will, lebt besser mit einem unbekannten Risiko als mit der Sicherheit, dass er potenzielle Krankmacher geerbt hat. Nur für echte Hypochonder sind Gentests Glücksgeschenke, wenn sie Schlechtes anzeigen. Dann haben die eingebildeten Kranken endlich einen guten Grund zur Klage.

Stehen Sie zu Ihrem »Wundermittel«. Sie schlucken jeden Morgen Gelee Royal oder Fitnessproteine, täglich Vitamin C oder eine Tasse grünen Tee? Wenn Sie das Gefühl haben, dass diese teuren »Nahrungsergänzungsmittel« Ihnen gut tun – wunderbar. Behalten Sie diese Gewohnheit. Auch wenn noch ein weiterer Wissenschaftler behauptet, die Ausgaben seien überflüssig. Er irrt, denn er geht immer von Durchschnittswerten aus und sagt sich: Was bei 1000 Untersuchten keine gesundheitliche Veränderung ergab, lohnt sich auch für den Einzelnen nicht. Falsch. Wenn Sie sich besser fühlen, brauchen Sie alle wissenschaftlichen »Beweise« für Unwirksamkeit nicht zu kümmern.

Genießen Sie Ihr Placebo, denn dieses Wort für Arzneimittel, deren Heilkraft nicht wissenschaftlich nachweisbar ist, die Kranken oder Leidenden aber gut tun, ist nur eine Umschreibung – für die Tatsache, dass die Medizin die Wirkung nicht erklären kann. Deshalb nennen die Experten viele Naturheilmittel etwas abwertend »Placebos«. Das braucht Sie nicht zu kümmern – ob ein Kraut besser gegen Ihre Kopfschmerzen wirkt als jede Pille, ob Sie an die Kraft von Edelsteinen glauben oder an die Aromatherapie. Machen Sie sich das Leben nicht durch Zweifel schwer. Kluge Ärzte sagten schon immer: Wer hilft, hat Recht!

Wussten Sie schon?
Gegen Seekrankheit (und Autoübelkeit, die kleine Kinder so oft befällt) hilft nicht nur das Kauen von frischem Ingwer oder eine Ingwertablette. Ebenso hilfreich: Kaugummis, die gegen Schwangerschaftsübelkeit entwickelt wurden. Ich habe damit in meiner aktiven Seglerzeit schon manche Schlechtwetterfront fröhlich überstanden.

Tanken Sie im Winter Sonne, auch wenn der Himmel grau ist. Viele Menschen fühlen sich mies, wenn die Nächte länger sind als die Tage und wir schon um vier Uhr nachmittags das Licht anknipsen müssen. Nicht alle werden gleich depressiv, aber mit der Wellness steht es bei vielen im Winter schlechter als im Sommer.

Depressionsforscher stellten fest: Um das Wohlgefühl zu erhöhen, braucht man meist keine teuren Starklichtlampen. Es genügt, so oft wie möglich nach draußen zu gehen – auch in den winterlichen Nieselregen. Die natürliche Helligkeit hebt den Serotoninspiegel (das Hormon Serotonin steuert unser Zufriedenheitsgefühl) so weit, dass aus Lebensüberdruss zumindest Gelassenheit wird. Ich selbst gehe lieber ins Sonnenstudio. Auch wenn die dort gebotene »Sonne« Menschenwerk ist – sie gibt mir die Illusion von Sommer und hellt schwarze Wintergefühle auf.

Wussten Sie schon?
Es schadet Ihrer Gesundheit nicht, wenn Sie mal ein paar Tage lang weder Obst- noch Gemüsevitamine bekommen.

Das Simplicity-Rezept gegen Rückenschmerzen – als Vorbeugung und wenn der Schmerz nach einem akuten Anfall nachgelassen hat: Ein Viertel Ihrer wachen Zeit im Stehen und Gehen verbringen!

Das heißt: zu Kollegen gehen, statt sie anzurufen. Die Post im Stehen öffnen, in jeder TV-Werbepause aufstehen und durch die Wohnung wandern. Wenigstens ein oder zwei Stockwerke Treppen steigen, statt den Fahrstuhl zu nehmen, nicht mit dem Auto zum Briefkasten fahren und so weiter und so weiter. Auf jeden Fall: den Tag nicht wie üblich zu 80 Prozent im Sitzen verbringen. Das trainiert den Rücken völlig unauffällig. Das klappt selbst bei den Faulsten. Die Fleißigen gehen außerdem regelmäßig schwimmen!

Das Simplicity-Rezept gegen Kopfschmerzen – zumindest für zu Hause: kalte Wadenwickel. Handtuch in kaltes Wasser tauchen, auswringen, um eine oder beide Waden wickeln, dann durch häufiges Eintauchen in den Eimer (neben dem Bett) erneuern. Seit Uromas Zeiten helfen Wickel (zusammen mit Stillliegen) gegen das hartnäckige Pochen im Kopf, sogar bei Migräneanfällen versprechen sie etwas Linderung, aber auch gegen den Samstagmorgenkater oder das Grippekopfweh.

Das Simplicity-Rezept gegen Magenschmerzen oder Blähungen: heiße Umschläge. Handtuch in möglichst heißes Wasser tauchen, auswringen, auf den Bauch legen, dann ein trockenes Handtuch drüber. Das entspannt ungemein.

Vertrauen Sie Ihrem Apotheker. Er weiß eigentlich immer bestens Bescheid, welche Arzneien Sie gegen »kleine Leiden« nehmen können. »Natürliches« oder Bewährtes aus der Pharmaindustrie. Er sagt Ihnen auch, wann Sie besser gleich zum Arzt gehen sollten.

Die meisten meiner lästigen, aber nicht gravierenden Gesundheitsstörungen heile oder lindere ich nach den Apothekenratschlägen – vom Gerstenkorn im Auge über Muskelkrämpfe bis zu Frühjahrsschnupfen oder Wintererkältungen. Es erspart mir eine Menge Wartezimmerzeit. Das ist mir der selbst bezahlte Preis der Medikamente wert.

Vertrauen Sie Ihrem Arzt – mehr als den Medienmeldungen über neu entdeckte Nebenwirkungen von Medikamenten. Wer Pillen und Tabletten grundsätzlich misstraut, weil sie nicht »natürlich« sind, süchtig machen könnten oder Schaden im eigenen Körper anrichten, macht sich das Leben unnötig schwer. Schließlich bekommt manch einer sogar vom altbekannten und bewährten Aspirin Magenschmerzen. Ich zum Beispiel. Trotzdem vertraue ich nicht den Warnungen der Medien, sondern meinem Arzt.

Weil die Medien am liebsten Negatives melden, weil sie oft seltene Einzelfälle zur Panikmache missbrauchen – und weil sie fast immer vom »Risiko« einer Nebenwirkung sprechen. Dieses Risiko bezieht sich aber auf den Durchschnitt aller Medikamentenschlucker. Es muss den Einzelnen, Sie zum Beispiel, nicht wirklich betreffen. Deshalb lohnt sich der Vertrauensvorschuss für den Arzt.

Wussten Sie schon?
Die Warnung vor Cholesterin in Eiern und Butter, die uns in den Neunzigerjahren des vergangenen Jahrhunderts den Geschmack verdarb, ist längst zurückgezogen worden. Genauso wie das Salzverbot für Menschen mit erhöhtem Blutdruck. Weil sich in beiden Fällen herausstellte, dass die Angstmache übertrieben wurde.

Heben Sie den Kondomumsatz, wenn Sie Single und sexlustig sind. »Verhüterli« verhüten nicht nur, sie schützen auch nicht nur gegen Aids und andere Geschlechtskrankheiten, sondern auch gegen die Immunreaktion des weiblichen Körpers auf das fremde Eiweiß des Ejakulats. Das verursacht bei vielen Frauen nach dem Sex mit einem neuen Partner Jucken oder leichte Entzündungen der Vagina. Harmlos, aber lästig, und durch ein Kondom leicht zu vermeiden.

Vertrauen Sie der »Pille«. Ihre – geringen! – Nebenwirkungen belasten Sie weit weniger als eine Schwangerschaft. Oder eine Abtreibung!

Antibabypillen wurden inzwischen im globalen Massenversuch Milliarden Mal getestet. Das Ergebnis ist eindeutig: Sie sind alles in allem harmlos und eindeutig das sicherste Verhütungsmittel, das es gibt.

Ihnen bekommt die Pille nicht? Probieren Sie eine andere aus. Es gibt inzwischen eine riesige Auswahl. Mein Frauenarzt sagte mir schon vor Jahren: »Antibabypillen sind wie Schuhe. Man muss so lange suchen, bis eine wirklich bequem sitzt.«

Der Vergleich hinkt wie eine Frau, die sich in neuen Schuhen die Ferse aufgelaufen hat. Trotzdem: Haben Sie Geduld mit sich und der Pille. Suchen Sie weiter – bis Sie Ihr Idealmedikament gefunden haben. Sex ohne Schwangerschaftsangst ist sooo viel einfacher und fröhlicher als mit!!!

Essen Sie Bananen und Brokkoli – für Ihre Wellness. Sie enthalten besonders viel Vitamin B_6, das die Produktion von Wellnesshormonen im Gehirn anregt. Wann immer Sie sich depressiv oder gestresst fühlen, hilft auch Weißkohl, Wirsing und Blumenkohl. Wie Banane und Brokkoli hat ihr Vitamin-B_6-Geschenk aber noch eine zweite Wirkung: Sie können sich Ihre nächtlichen Träume besser merken. Und: Sie haben mehr freundliche als erschreckende Träume.

Liebe & Sex

Denn jede Lust will Ewigkeit?

Damit machen sich viele die Liebe schwer: Sie träumen vom Dauerglück ohne Eintrübungen, und die Sehnsucht danach lässt Wünsche ins Morgen schweifen, statt alle Gedanken aufs Heute zu konzentrieren. Jedes Heiratsversprechen zeigt die unausrottbare Hoffnung auf lebenslange Zufriedenheit. Jede Scheidung beweist, wie sinnlos sie heute meist ist. Deshalb setzen Simplicity-Sucher immer auf das Hier und Jetzt – und sie machen sich ausnahmsweise das Leben schwer, um aktuelles Glück über alle Liebeshindernisse zu tragen.

Nicht empfehlenswert: Sexumfragen zur Kenntnis nehmen. Umfrageexperten wissen längst: Geht's um Sex und Liebe, wird genauso viel geschwindelt wie bei Befragungen über den eigenen Verdienst. Jeder übertreibt, Männer mehr noch als Frauen, aber auch sie legen sich gern ein oder zwei Liebhaber mehr zu als sie wirklich hatten. Oder mehr Orgasmen. Oder wenigstens mehr Verehrer. Deshalb vermitteln Sexumfragen fast immer ein falsches Bild, eines, durch das sich Lebensvereinfacher nicht verunsichern lassen sollten, denn sie wissen:

Auch wenn angeblich zwei Drittel aller Deutschen mindestens zwei Mal pro Woche Sex haben, müssen sie diesem Vorbild nicht folgen. Solange ihnen während der Frühlingszeit der Liebe sechs Mal gefällt, ist das ebenso in Ordnung wie die sehr viel selteneren Bettfreuden bei Altehepaaren.

Außerdem machen sie sich auch in Bezug auf Sex klar: Keineswegs alle haben dieselben Bedürfnisse. Manch eine Frau braucht den häufigen Orgasmus zur Entspannung, andere genießen ihn als frisch Verliebte und leben später jahrzehntelang allein – glücklich oder zumindest nicht unzufrieden. Sexumfragen scheren beide über den Durchschnittskamm und machen diejenigen unglücklich, die sie als Vergleich für die eigene »Leistung« heranziehen. Das muss doch nicht sein!

Sagen Sie, was Sie sich wünschen! Es könnte ja wirklich wunderbar sein – wenn jeder Sexpartner instinktiv wüsste, was dem anderen gefällt. Manch eine Frau hofft darauf – und leidet, weil sich ihre Hoffnung auf Einfühlungsvermögen und Weckung des Erregungspotenzials nicht erfüllt. Das ist ja nun wirklich ein völlig überflüssiger Kummer.

Gott (oder die Evolution) hat auch den Frauen Stimme und Mund geschenkt, damit sie sagen, wie und wo sie verwöhnt werden wollen. Beim Sex ist es wie mit Weihnachten: Wer seine Wünsche nicht deutlich äußert, darf sich über Handschuhe aus Wolle statt zärtlich-weichem Leder nicht wundern.

Wussten Sie schon?
Viel mehr Frauen als Männer vereinfachen sich das Leben, indem sie Single bleiben. Gern! Nur 25 Prozent der weiblichen Singles sehnen sich nach einer festen Partnerschaft, im Gegensatz dazu aber 43 Prozent der männlichen. 31 Prozent aller Single-Frauen sagen: »Ich liebe meine Freiheit«, aber nur 22 Prozent der Single-Männer.

Gönnen Sie sich Abwechslung. Natürlich ist Treue bis ans Lebensende ein wunderbarer Ehetraum, aber: Seien Sie ehrlich mit sich selbst! Erschweren Sie sich das Leben nicht durch Lebenslügen. Eine der häufigsten ist nämlich: Kein anderer Mann kann mich reizen. Tut er auch nicht – solange man frisch verliebt ist. Später schon, denn die Phase der »heißen Liebe« dauert im Durchschnitt rund drei Jahre. Dann verwandelt sie sich, mit Glück, in liebevoll erotische Freundschaft. Schön, aber nicht mehr aufregend. Und dann fällt auch der treuesten Frau auf:

Es gibt noch mehr reizvolle Männer auf der Welt als den eigenen. Simplicity-Fans gönnen sich den Seitensprung. Dem Partner auch. Ohne ein Drama daraus zu machen, das heißt: Ohne die Lust auf ein neues Sexerlebnis mit einer neuen Liebe zu verwechseln.

Genießen Sie die Nacht im fremden Bett, aber machen Sie sich klar: Meist (zumindest bei Erwachsenen) geht es dabei wirklich nur um Sex. Nicht um Liebe. Nur wer beides verwechselt – die langsam gewachsene, liebevolle Bindung an den Partner und die Lust auf Abwechslung – springt von einem Mann zum anderen.

Wussten Sie schon?
Vertrauen und Ehrlichkeit stehen an der Spitze der Wunschliste für eine gute Partnerschaft. Sie sind den meisten Paaren wichtiger als Treue. Von einem harmonischen Sexualleben träumt nur jeder Dritte.

Beichten Sie nur, wenn der Partner gezielt fragt. Lügen und die Sorge, dass der andere die Lüge merken könnte, erschweren das Leben ungeheuer.

Viel einfacher: Beichten Sie und bitten Sie um Verzeihung, wenn der Partner misstrauisch wurde. Halten Sie den Mund – eisern! –, wenn ihm nichts auffällt. Und wenn ihm auffällt, dass Sie Neues gelernt haben? Dann verweisen Sie auf einen Artikel in einem Frauenmagazin. Er liest schließlich auch mal den Playboy, oder?

Verzeihen Sie seine Untreue! Ja, natürlich sind Sie entsetzlich enttäuscht, fühlen sich hintergangen, herabgesetzt, betrogen. Dahinter steht aber meist kein hoher moralischer Anspruch, sondern Angst. Die Angst, selbst »nicht gut genug« zu sein. Nicht schön genug. Nicht erotisch genug, nicht liebenswert genug. Es ist die kindliche Angst, verlassen zu werden. Früher von Mutter und Vater, heute vom Partner. Damit fertig zu werden, gehört zum Erwachsensein.

Deshalb meine Empfehlung: Spielen Sie nicht beleidigte Leberwurst wie Uschi Glas oder Barbara Becker, sondern reagieren Sie als die, die Sie sind – eine starke Frau, die sexuelle Untreue als das nehmen kann, was sie ist: eine kurzfristige Verführung zu vergänglicher Lust. Nicht mehr. Bei ihm wie bei sich selbst.

Wussten Sie schon?
Die Mehrzahl aller Paare gibt zu, dass ein gelegentlicher (seltener!) Seitensprung die partnerschaftliche Erotik verbessert. Weil beide sich nach Aussprache und Versöhnung mehr Mühe miteinander geben.

Probieren Sie Neues aus! Guter Sex lässt sich lernen. Nicht in dem Schulfach namens »Sexualkunde«, sondern aus Büchern, Fernsehen und in der Praxis. Besonders da. Manch eine Frau hat Angst sich als »Anfängerin« zu blamieren, wenn der Partner neue Erotikspiele vorschlägt. Vergessen Sie diese Angst. Jeder Mensch ist ein erotisches Naturtalent! Und wenn ausgerechnet Sie sich als die große Ausnahme von dieser Regel fühlen? Fassen Sie sich ein Herz und lassen Sie Ihr Zärtlichkeitsbedürfnis überfließen. Alles weitere ergibt sich dann im miteinander Flüstern, Streicheln, Küssen und Ausprobieren von selbst.

Sagen Sie Nein, wenn Ihnen neue Sexualpraktiken nicht gefallen. Von Anfang an. Er besteht auf seinen Wünschen? Trennen Sie sich von ihm. Schnell. Selbst Einsamkeit tut weniger weh als Angst beim Sex.

Nicht empfehlenswert: gemeinsam schweigen. Natürlich gehört es zur Liebe, dass man auch gemeinsam schweigen kann. Ab und an, wenn beide wortlos glücklich oder einfach nur zufrieden mit dem Leben sind.

Aber: Jede Partnerschaft leidet, wenn keiner sich mehr für die Gedanken des anderen interessiert – und seine eigenen einschließt wie Wertpapiere in einen Tresor. Als ob sie zu kostbar zur Weitergabe wären. Gute Gesprächsthemen muss man nicht suchen wie vierblättrige Kleeblätter. Jeder findet sie sozusagen am Wegrand – wenn er den Partner nicht damit überfällt und ihm zuhört …

Ein guter Tipp der Ehepsychologen gegen überhand nehmendes Schweigen: der wöchentliche Gesprächstermin, bei dem jeder jeweils fünf oder zehn Minuten reden darf, ohne dass der andere widerspricht oder auch bloß kommentiert. Am Anfang kommen beide sich dabei meist blöd vor, aber mit ein bisschen Übung stellt jeder fest: Zuhören trägt mehr zum intensiven Gespräch (und damit zu einem besseren Verständnis des anderen) bei, als selbst zu reden.

Wussten Sie schon?
»Zuhören können« ist im Privatleben mindestens so wichtig wie im Beruf. Der Simplicity-Trick (besonders bei heftigen Diskussionen oder Streit): den anderen wirklich ausreden lassen, seine Position neu formulieren (»Habe ich dich so richtig verstanden?«), dann erst die eigenen Argumente aussprechen.

Nicht empfehlenswert: der Glaube, dass Männer vom Mars sind und Frauen von der Venus. Zugegeben, es ist eine hübsche Formulierung. Für den großen Durchschnitt stimmt es wahrscheinlich sogar, dass Männer lieber praktisch denken, Frauen eher in Gefühlen schwelgen, aber:

Sind Sie Durchschnitt? Und Ihr geliebter Partner? Nein. Sie sind beide einzigartig. Also brauchen Sie sich auch nicht nach Durchschnittsklischees zu richten.

Natürlich denken DIE Männer etwas anders als DIE Frauen. Sie fragen nicht gern nach dem Weg, gucken lieber Fußball und Boxen als Eiskunstlauf, finden Waffen faszinierender als fremde Babys. Doch macht sie das zu Wesen vom anderen Stern? Bestimmt nicht. Deshalb sollte niemand, der liebt, zum Geliebten sagen: »typisch Mann!« (und umgekehrt). Die viel wirksamere Arznei für gegenseitiges Unverständnis: gemeinsam drüber lachen – und selbst daran arbeiten, dass man den Klischees nicht länger entspricht.

Klatschen Sie mit ihm über Freunde und Verwandte. Männer tun's ebenso gern wie Frauen. Sie geben es nur nicht so offen zu.

Liebe braucht Klatsch, weil er eine Abgrenzung zu anderen herstellt, die eigene Übereinstimmung betont. Klatsch hat aber noch einen Vorteil, besonders in der Zeit des Kennenlernens:

Er zeigt, wie der andere Menschen beurteilt. Mit leisem Spott oder giftigem Humor, als Spiegel eigener Fehler oder voller Überheblichkeit. Wie auch immer – je größer Ihre Übereinstimmung bei der Beurteilung anderer, umso einfacher Ihr Zusammenleben. Und die Chance, auf Dauer miteinander glücklich zu sein.

Nicht empfehlenswert: Sätze wie »Du hast doch schon immer …«. Jede Liebe besteht auch aus Gewohnheiten. Weil es das Leben erleichtert, wenn wir wissen: Er liebt Mozzarella mit Tomaten, aber Basilikum kann er nicht leiden. Oder morgens braucht er eine halbe Stunde Schweigen zum Wachwerden. Oder er mag Techno, aber kein Trance. Das erspart der Partnerin das Nachdenken.

Trotzdem: Auch wenn sie freundlich gemeint sind, machen Sätze wie »Du hast doch noch nie …« oder »Du hast doch schon immer …« das Leben schwerer statt leichter. Weil sie dem anderen signalisieren: Deine neuen Gedanken, Wünsche, Ziele sind mir »wurschtegal«. So etwas verletzt und führt auf Dauer zur Abkapslung. Und die durch freundliche Fragen wieder aufzubrechen ist verdammt schwierig.

Lassen Sie sich viel gefallen. Das spart Stress. Ich gebe zu: Diese Haltung ist nicht gerade trendy, aber sie lohnt sich, wenn Sie sich das Leben erleichtern wollen. Im Beruf, aber noch mehr in der Partnerschaft. In keiner herrscht immer das perfekte Gleichgewicht zwischen Geben und Nehmen. Mal ist der eine stark, dann übernimmt wieder der andere die Führung, und jeder macht dabei Fehler. Man darf sie sich gefallen lassen, auch als emanzipierte Frau. Um der Liebe willen und weil jede Frau weiß (wenn sie darüber nachdenkt):

Das Ego der Männer ist meist empfindlicher als das der Frauen. Weil sie sich so oft am unpraktischen Ideal des Kämpfers, Führers, Chefs messen. Gönnen Sie ihm seinen Traum vom großen Ich – und geben Sie nach. Schadet es Ihrer Liebe wirklich, wenn Sie mal abwaschen, während er vorm Fernseher sitzt?

Verteilen Sie die Pflichten – rechtzeitig. Ist die Liebe noch überwältigend groß, neigen Frauen wie Männer zum Nachgeben. Sie kocht und kümmert sich um den Haushalt, auch wenn sie beides hasst. Er hört ihr einfühlsamst zu, vergisst die alten Freunde und verzichtet sogar mal auf die Fußballübertragung, um mit ihr die neueste Kunstausstellung zu besichtigen – auch wenn er moderne Kunst für Kinderkritzelei hält.

Jeder führt ein Schauspiel auf, in dem der andere der Star sein darf – und fühlt sich irgendwann zurückgesetzt. Das gilt besonders für Frauen, die die alte, die dienende, die hausfrauliche Rolle übernehmen. Aus lauter Liebe.

Simplicity-Frauen sagen von Anfang an: Wenn wir uns nicht beide um den Haushalt kümmern, wenn du nach dem Kochen nicht genauso aufräumst wie ich, wenn du das Bad immer dreckig hinterlässt und weiterhin im Stehen pinkelst (und von mir das Saubermachen erwartest), dann können wir unsere Liebe als Affäre genießen, aber zusammenwohnen? Unmöglich.

Sie sprechen über die leidigen Haushaltspflichten, über die Frage, wer was wann und wie oft tut, BEVOR sie sich eine gemeinsame Wohnung einrichten. Tun sie es erst Monate oder Jahre später, sind die eingespielten Gewohnheiten – auch heute noch meist nach dem Motto: Haushalt ist weiblich, Technik männlich – schwer wieder zu ändern.

Wussten Sie schon?

Bereits in der ältesten Mönchsregel Europas, in der Ordenssatzung des heiligen Benedikt von Nursia aus dem sechsten Jahrhundert heißt es:

»Keiner werde vom Küchendienst ausgenommen, es sei denn, er sei krank oder durch dringende Angelegenheiten beansprucht; denn dieser Dienst bringt großen Lohn und lässt die Liebe wachsen.«

Erinnern Sie sich an die guten Zeiten – auch nach der Scheidung. Sie haben den Kerl doch mal geliebt, den Sie heute zu hassen meinen. Sie waren glücklich mit ihm. Er hat Sie so bitter enttäuscht, dass der Goldglanz der früheren Jahre zu schwarzem Staub wurde? Pusten Sie die Erinnerungsbilder frei! Betrachten Sie sie nüchtern. Sie waren damals glücklich! Wollen Sie wirklich ein Stück Ihres Lebens ummalen?

Es wäre schade drum! Simplicity-Frauen versuchen Trennungshass, Enttäuschung und Verbitterung auf die Zeit zu begrenzen, in der sie sie erleben.

Sie beschließen: Was früher war, soll davon nicht berührt werden. Weil es Teil meines Lebens ist. Ein schöner und guter Teil!

Suchet, so werdet Ihr finden! Das gilt natürlich auch für Einsame, die sich nach Liebe und Partnerschaft sehnen. Lebensvereinfacher wägen ab zwischen eigener Kontaktscheu und den Beschwernissen der Kontaktsuche – und entscheiden sich für Letzteres. Weil Suchen (inklusive möglicher Enttäuschungen) auf Dauer mehr Chancen auf Zufriedenheit liefert als Selbstmitleid und Einsamkeitsjammern, dem niemand zuhört.

Lieben Sie Ihr Single-Leben, wenn Sie keinen Partner haben. Sehnsucht nach gerade nicht vorhandener Zweisamkeit blockt den Blick auf die Vorteile des Alleinlebens ab wie ein Hochhaus die Sonne. Zu ihnen gehört nicht nur die Freiheit der Wahl (was möchte ICH wirklich machen?), sondern auch reichlich Zeit für sich selbst – um die eigenen Wünsche und Träume zu analysieren, sie mit der Realität zu vergleichen und sich an die Verwirklichung der realisierbaren zu machen.

Lieben Sie Ihre Freunde, wenn es DEN Freund nicht gibt. Liebe reicht weit über Sex, auch über eine langfristige Partnerschaft hinaus. Single-Simplicity-Sucher konzentrieren ihre Liebesfähigkeit auf einen großen Freundeskreis, wenn sie keinen Einzelnen zum Herzverschenken finden. Sie lernen (auch wenn's manchmal mühsam ist), dass man sogar von flüchtigen Bekannten Wärme zurückbekommen kann, sobald man ihnen Wärme gibt. Und dass man so zu Freunden werden kann.

Wussten Sie schon?
Nur jene Menschen sterben einsam, die sich nicht selbst um gute Nachbarschaft bemüht haben.

Heiraten Sie keine Eule, wenn Sie zu den Schwalben gehören. Langfristige Verbindungen zwischen Morgenmuffeln und Frühaufstehern verlangen weit mehr gegenseitige Toleranz als die meisten Menschen aufbringen können.

Ich hab's vier Jahre lang ausprobiert – und dann entnervt aufgegeben. Die Morgenmunterkeit von »Schwalben« ist für eine Nachteule wie mich einfach unerträglich. Mein Pech, dass insgesamt nur rund acht Prozent aller Menschen morgens so unansprechbar sind wie ich.

Lösen Sie die Probleme des Partners nicht, hören Sie ihm nur zu. Wenn ein Mann schon bereit ist, über seine Schwierigkeiten zu sprechen, will er in den meisten Fällen nicht guten Rat, sondern ein geduldiges Ohr (bei vielen Frauen ist es ähnlich). Natürlich hört er zu, wenn Sie ihm die Glanzstücke aus Ihrem Erfahrungsschatz anbieten, aber ob er sie annimmt? Unwahrscheinlich.

Seien Sie dann nicht beleidigt. Solche Rat- und Hilfegespräche dienen dem Klagenden auch unter Liebespartnern in erster Linie zur Klärung der eigenen Gedanken und Wünsche.

Nicht empfehlenswert: das Pochen auf Gleichberechtigung. Ich habe lange geglaubt, dass Männer und Frauen weitgehend gleich denken und handeln. Alles eine Frage der Erziehung, dachte ich. Stimmt leider nicht. Von Ausnahmen abgesehen kümmert es Männer weit weniger als Frauen, ob das Bett täglich gemacht wird, die Zahnpastatube offen liegen bleibt oder das Klo bakterienfrei »rein« ist.

Im Durchschnitt sind Männer auch in Gefühlsdingen dickköpfiger, und – seien wir ehrlich – sie zu gleichen Teilen an der Kindererziehung zu beteiligen (vom Windelwechseln bis zur Hausaufgabenüberwachung), gleicht dem Kampf gegen Windmühlenflügel. Viele windige Versprechen, wenig konstanter Output.

Simplicity-Frauen finden sich mit seinen Anti-Emanzipations-Fehlern ab wie mit Regen im November. Sie verlassen sich darauf, dass er ihnen als Ausgleich Regenschirme schenkt. Zum Beispiel in Form von Diamanten oder besonderer Herzlichkeit während des gemeinsamen Urlaubs.

Wussten Sie schon?
Noch nie und nirgendwo in der Geschichte seit Eva Adam zum Apfelessen verführte, hatten Männer so wenig Rechte wie heute in Europa. Wie wär's also mit etwas lächelndem Verständnis für seine Anpassungsschwierigkeiten an die aktuellen Frauenansprüche?

Mögen Sie Sado? Oder Maso? Domina- oder Sklavinnenspiele? Gruppensex? Falls ja – schön für Sie. Falls nein – sagen Sie NEIN. Oder probieren Sie es einmal aus. Manch eine Frau hat nach Überwindung der (von wem auch immer eingepflanzten) Schambarriere festgestellt, dass die Rolle der strengen Herrin verborgene Wünsche erfüllt. Oder die Eroberung durch einen Pascha.

Lesen Sie das indische Kamasutra. Oder erotische Romane. Und schauen Sie sich Pornofilme an. Das alles kann Lust auf Sex machen – und Anregungen bieten. Besonders wenn die Phase der ersten heißen Liebe vorbei ist, in der die meisten Menschen schon mit der einfachen Missionarsstellung himmelhoch jauchzend glücklich werden können.

Erwarten Sie vom ersten Mal nicht zu viel. Das gilt nicht nur für das wirklich »erste Mal«, die Entjungferung, sondern auch für den ersten Sex mit einem neuen Partner. Sie kennen sich doch kaum! Wie soll ER dann wissen, was Sie zum überwältigenden Orgasmus treibt?

Deshalb gilt für Simplicity-Frauen: Sie sollten nicht enttäuscht sein, wenn die erste Nacht mit dem Neuen keine Offenbarung ist, sondern sich eher wie ein Versprechen à la »Daraus könnte noch etwas Besseres werden« anfühlt. Denn Sie wissen: Geht's um Sex, verwandelt oft erst Gewöhnung das Bettspiel in einen wirklichen Sieg.

Versuchen Sie gar nicht erst, Ihren Partner wirklich zu verstehen. Es ist hoffnungslos. Kein Mensch kann einen anderen wirklich durch und durch kennen. Mütter glauben das zwar manchmal von ihren Kindern, aber sie irren sich. Auch wenn Liebende oft überzeugt sind, dass sie wirklich ins Herz des Geliebten schauen können – eine längere Zeit des Zusammenlebens beweist meist unsere Unkenntnis in Sachen Partnercharakter.

Simplicity-Frauen nehmen das lächelnd hin, statt sich zu grämen. Das Leben würde doch schnell langweilig werden, wenn der Partner uns nicht mehr überraschen könnte, oder?

Schreiben Sie Liebesbriefe – oder schreiben Sie sie einfach aus dem Internet ab. Geben Sie Ihrem Suchdienst das Stichwort »Liebesbrief«, und er findet für Sie die entsprechenden Sites. Nützen Sie sie, wenn Ihnen selbst nichts einfällt, denn nichts kommt beim

Partner so gut an wie das Gefühl: Der andere hat sich für mich die Zeit genommen, seine liebevollen Gedanken aufzuschreiben.

Und nach wie vor gilt das Goethe-Wort: »Was du schwarz auf weiß besitzt, kannst du getrost nach Hause tragen.« Und dich dadurch auch Jahre später noch durch Wiederlesen und Erinnerungsauffrischen glücklich machen.

Mode

Monopoly um Sex und Status

Eindeutige Megatrends gibt es in der Mode nicht mehr. Auch wenn Designer und Frauenmagazine zweimal im Jahr so tun als ob. Jede Frau »darf« heute Mini tragen und morgen knöchellang. Obwohl gleichzeitig Ethno und Romantikfolklore angesagt sind, bleibt der Purismus aktuell. Und Sportliches sowieso. Dass Trendbefolgung nur noch eine Glasur auf den Bekleidungsgewohnheiten ist, macht unser Leben einfacher. Einerseits. Andererseits entscheiden meist schon Kleinigkeiten, ob man sich Modeentscheidungen schwer gemacht hat – dadurch dass man »dazugehören« will.

Sex oder Status, das ist die Frage für Simplicity-Sucher. Junge Menschen wählen meist den Sexy-Look, ältere den Status. Beides gleichzeitig kann allenfalls Mode vom Edelschneider garantieren (wegen der luxuriösen Stoffe und der perfekten Verarbeitung). Wählen Sie deshalb gleich das richtige Outfit für Ihr Ich und würdigen Sie den Gegensatz beim Einkaufen keines Blickes. Wer auch im Beruf als »weiblich« rüberkommen möchte, greift immer zum Sexy-Look. Wer Kompetenz betonen will, entscheidet sich für Statusmode. Wer zwischen Sex und Status tanzt, zeigt sich mal hochgeschlossen, dann wieder reizvoll.

Bummeln Sie vorm Kleiderschrank! Jetzt dürfen Sie tragen, was Sie wollen – wenn Sie nicht zur »In-Crowd« gehören möchten. Ihre Mitglieder sehen natürlich auf den ersten Blick, ob ein Kostüm von Prada oder Otto ist, aus der neuesten Kollektion oder vom letzten Jahr. Für alle anderen lohnt sich der Bummel durch den eigenen Kleiderschrank. Ob Mini, knöchellang, jeanseng oder superweit – alles ist erlaubt! Was wollen Simplicity-Fans mehr?

Investieren Sie in Accessoires. Wer trotz betagter Garderobe modisch wirken will, trägt zum Beispiel nur noch Handtaschen, die angesagt sind: mit kurzem Anfassbügel in der Hand gehalten, statt am langen Riemen über die Schulter gehängt. Unpraktisch, aber die Frage nach der Bequemlichkeit haben Modedesigner schon immer unbeantwortet gelassen, wenn es ihnen ins Konzept passte.

Auch die Schuhmode ändert sich noch von Jahr zu Jahr. Zur Zeit weg von klobigen Plateausohlen und Bequemformen zu Stiletto-Absätzen und Zehenzwangspitzen. Simplicity-Sucher investieren in Mokassinformen. Die bleiben seit Jahren gleich aktuell.

Übrigens: Wer seinen Füßen das Leben durch Abkehr vom Luxuskonsum leicht machen möchte, braucht einen guten Schuster mit einer echten Schusterausbildung. Er schafft es, auch alten Stücken bei jeder Absatzreparatur den Glanz von »kaum getragen« zu geben.

Wussten Sie schon?
Wirklich feine Leute tragen ihre Jeans nie gebügelt. Und niemals Turnschuhe zu Kostüm oder Anzug. Sie verzichten auf Goldknöpfe. Auch am Blazer.

Basic-Luxury: der Trend für anspruchsvolle Simplicity. Sie wollen immer gut angezogen wirken, aber nicht ständig nach Neuem suchen müssen? Geben Sie Ihr Geld für erstklassige Basics aus. Für Hosen oder Blazer oder einen Mantel aus bestem Stoff. Wenn diese Stücke edel wirken (also teuer), kann das T-Shirt dazu auch aus einem Billigstladen stammen. Niemand wird es merken.

Nicht empfehlenswert: Keep it seven years. Falls Ihre Mutter Ihnen auch empfohlen hat, Sie sollten alte Klamotten für immer aufheben, weil sie spätestens in sieben Jahren wieder modisch aktuell wären – vergessen Sie es! Mal abgesehen davon, dass die Figur sich in sieben Jahren verändern könnte – beim modischen Recycling vom Hippie-, 80er- oder 90er-Jahre-Look bleibt wenig gleich außer – vielleicht! – die Form der Jeans.

Heute werden andere, modernere Stoffe verwendet, Schnitte neu interpretiert, Einzelteile anders zusammengestellt. Das Ergebnis: Die Haremshose, der Indienrock, der Powerblazer von einst wirken wie von anno dazumal. Nur an ganz jungen Frauen sieht

Antikes schick aus, an älteren »outdated«. Aufheben lohnt sich deshalb nur für Accessoires wie Gürtel, Schmuck oder Tücher. Sonst gilt auch für den Kleiderschrank die Devise: Leere macht das Leben leicht, Fülle verstopft.

Wussten Sie schon?
Eine Kleidergröße mehr, als Sie brauchen, lässt Sie schlanker wirken als eine Kleidergröße weniger.

Zweimal pro Jahr: Inventur im Kleiderschrank. Vielleicht sind Sie ja im Gegensatz zu mir ein ordentlicher Mensch und finden in Ihrem Kleiderschrank alles auf den ersten Blick. Die meisten Frauen tun's nicht.

Deshalb meine Empfehlung für alle Unordentlichen: Wenigstens im Spätherbst und im Frühling einmal aus- und nicht unbedingt aufräumen! Ordnung hält sich bei Unordentlichen sowieso nur wochenweise. Sie sollten daher alle Klamotten sichten, ob Sie sie je wieder anziehen werden. Und dann weg mit dem Kaum-je-Getragenen. Ins Secondhand-Geschäft, in die Altkleidersammlung. Nichts vereinfacht die tägliche Kleiderwahl so sehr wie ein ausgeräumter Schrank, in dem nur noch das hängt, was man wirklich gern anzieht.

Sie können sich nicht entscheiden, welche Klamotten Sie aufheben, welche Sie weggeben sollen? Bitten Sie eine Freundin um Hilfe. Sie weiß oft besser als man selbst, was noch Schick hat und was alt wirkt oder macht.

Nicht empfehlenswert: Abschied von der Mode jenseits der 60. Besonders wenn die Figur aus Größe 38 herausgewachsen ist, wird das Angebot an modischer Kleidung dünn. Trotzdem: Ältere Frauen sollten sich das Leben ausnahmsweise schwer machen und durch ein Dutzend Geschäfte wandern, um Modisches zu finden. Und sich nicht mit Grau-Schwarz-Beige-Öde begnügen. Das Gefühl, schick angezogen zu sein, hebt den Spiegel der Glückshormone mehr, als Einkaufsfrust ihn senken kann. Das entschädigt für den Einkaufsmarathon.

Schwarz macht die Mode einfach, Farbe fröhlich. Als Schwarzträgerin kann ich es nur empfehlen: Seit ich es konsequent mache, habe ich Unsummen für gelbe, blaue und grüne Fehlkäufe gespart. Die morgendliche Entscheidung vor dem Kleiderschrank wurde vereinfacht, weil alles zu allem passt. Zwar habe ich, außer durch bunte Tücher, keine »Modemöglichkeit« mehr, schlechte Laune durch auffallende Kleiderfarbe zu heben, trotzdem: Für mich ist die Entscheidung für Schwarz die größte aller täglich wirksamen Vereinfachungen.

Zu strikt für Sie? Bauen Sie Ihre Garderobe wenigstens auf einer neutralen Grundfarbe auf: Weiß, Grau, Schwarz, Beige, Braun oder Blau. Dann können Sie Buntes immer noch drum herum sortieren. Wie Ausstellungsbilder auf einer einfarbigen Wand.

Bikini im Winter, Skipullover im August. Kaufen Sie Ihre Bademode im Winter und neue Winter-Outfits im August. Weil Saisonneuheiten immer schon dann in die Geschäfte kommen, wenn die Masse der Käuferinnen noch gar keine Lust darauf hat. Speziell für Neuheitensucher ist das Einkaufen gegen die Saison ein Gewinn an Lebens-Simplicity. Und ein Modevergnügen.

Wussten Sie schon?

Sie wirken kompetenter und sicherer, wenn Sie »overdressed« zu einem Event, einer Party, einem Fest kommen als »underdressed«. Es ehrt die Gastgeber und außerdem: Wenn Sie dann etwas früher als alle anderen gehen, denken die, Sie müssten zu einer noch feineren Veranstaltung.

Vertrauen Sie Ihrer Langeweile. Sie haben nichts anzuziehen, obwohl der Kleiderschrank voll ist? Dann hat sich Ihr Modegefühl geändert. Es wird Zeit, einkaufen zu gehen – ohne Rücksicht auf Sparvorsätze und Pro-Simplicity-Bemühungen. Weil schicke Mode (also die eigene Überzeugung schick angezogen zu sein) einer der wichtigsten Lieferanten von Statussicherheit ist und Langeweile beim Anblick der eigenen Klamotten ungemein verunsichert.

Nicht empfehlenswert: Neid auf die Trägerinnen von teurem Schmuck. Eher ist Mitleid angebracht, denn wo sind Brillanten, edle Rubine und Smaragde meist zu besichtigen? Nicht an Hals und Handgelenk der Besitzerinnen, sondern im Safe. Eine ganze Reihe von Juwelieren lebt davon (gut!), dass sie Luxusschmuck mit Strass und gefärbtem Glas nachformt. Damit sich ein Diebstahl leichter verschmerzen lässt. Wer NICHT bei Bulgari, Tiffany & Co. einkaufen kann, darf sich damit trösten: Er braucht sich auch nicht vor Räubern zu fürchten, die ihm sein Teuerstes entreißen könnten.

Teure Uhren machen »was her«! Sie wollen reich wirken, ohne es zu sein? Investieren Sie Ihr Geld in eine wirklich erstklassige Uhr. Kenner schätzen blitzschnell den Wert und schließen vom Zeitmesser auf die finanzielle Gesamtkompetenz. Auch wenn Ihre Kleidung eher nach H & M aussieht als nach Hermès. (Ähnliches gilt übrigens auch für erstklassige Schuhe.)

Die noch bessere Simplicity-Lösung: Tragen Sie gar keine Uhr. Jedes Handy zeigt auf Wunsch die Zeit, wozu also brauchen Sie ein teures Chronometer am Handgelenk?

Wussten Sie schon?

KEIN Schmuck ist unter Reichen ein Zeichen für Understatement, nicht für Armut. Wer Angst hat, nicht mithalten zu können im Wettbewerb um die feinsten Edelsteine, trägt deshalb besser gar keine als billige.

Nicht empfehlenswert: Modeschmuck jenseits der 40. Junge Frauen sehen auch mit Buddhaperlen oder Acrylarmreifen, mit Messingketten oder Plastikohrringen gut aus. Je mehr Geburtstage abgefeiert worden sind, umso billiger wirkt Billigschmuck jedoch.

Meine Empfehlung für alle, die sich Teures nicht leisten können oder wollen: Ab 50 Jahren gar keinen Schmuck mehr. Seit einigen Jahren entspricht das sogar dem Modetrend. Schauen Sie Musikvideos an. Kaum eine Top-Sängerin trägt Ketten oder Armreifen.

Wussten Sie schon?
Wer wenig Geld für Mode hat, investiert es am besten in einen erstklassigen Friseur, eine ansehnliche Uhr und ebenso erstklassige Schuhe. Dann kann die Kleidung dazwischen einfach sein.
Ach ja: eine wirklich edle Handtasche sollte als Viertes drankommen.

Be a Gentleman. Tragen Sie Lady-Suit. Seit Yves Saint-Laurent die ersten Pariserinnen in Anzüge steckte, vereinfacht dieser Diebstahl des typischen Männer-Outfits auch das Leben der weiblichen Modefans. Weil keine Frau sie mit weißem Hemd und Krawatte tragen muss. Ein guter Anzug wirkt immer – mit Rüschenbluse oder T-Shirt, mit nichts drunter oder Herrenhemd, zu flachen Business-Schuhen oder High-Heels, im Beruf oder zur Opernpremiere. Frauen dürfen selbst dann im Anzug kommen, wenn für Männer Smoking oder Frack gefordert werden. Haben Sie einen schwarzen Anzug im Schrank, sind Sie überall »richtig« angezogen. Beim Führungskräftetraining (mit hochgeschlossener Bluse) wie abends an der Bar (mit ab und an aufblitzendem kontrastfarbigem Spitzen-BH).

7 x Dessous und 7 x Socken = nur 1 x pro Woche waschen. So simpel, dass es schon wieder banal klingt: Wer sieben BHs und sieben Höschen besitzt, braucht sich nur einmal pro Woche Gedanken ums Waschen zu machen. Dasselbe gilt für Socken. Kaufen Sie die für den Partner ein wie rund 70 Prozent aller deutschen Ehefrauen? Wenn er kein modischer Mann ist, wählen Sie immer die gleichen. Das spart Zeit fürs Zusammensuchen und Sortieren der zueinander passenden Socken.

Roter Fleck auf weißer Bluse? Färben Sie selbst! Es ist wirklich einfach! So einfach, dass selbst ich es kann – und früher häufig gemacht habe, als ich noch nicht Schwarz trug. Zumindest wenn das eingefleckte Stück nicht aus Kunstfasern ist. Weiße Jeans lassen sich zum Beispiel wunderbar blau oder schwarz färben, wenn sie mal mit einem roten Socken Ihres Sohnes gewaschen wurden.

Nicht empfehlenswert: für einen Abend Mode kaufen. Sie sind eingeladen worden? Zu einem Ball? Einer Premiere? Einem VIP-Event? Stürzen Sie sich nicht in Unkosten. Das extra angeschaffte Edelabendkleid gefällt Ihnen in zwei Jahren, wenn Sie es mal wieder brauchen, bestimmt nicht mehr. Außerdem: Wer will schon zweimal im selben Kleid zum Chrysanthemenball gehen?

Prominenz mit der Chance, in der nächsten Klatschblattausgabe zu erscheinen, leiht sich die Garderobe bei aufstrebenden Modedesignern. Menschen wie du und ich gehen zum Modeverleih, wenn's mal ein Ballkleid sein soll. Das Leihen kostet im Vergleich zum Kaufen einen Klacks. Und keiner merkt's.

Nicht empfehlenswert: die leere Handtasche. Ordnungstrainer empfehlen Frauen: Beginnen Sie mit dem Aufräumen Ihres Lebens in Ihrer Handtasche. Schmeißen Sie mindestens jede Woche einmal alles Überflüssige raus.

Vergebliche Mühe! Ich kenne keine Frau, in deren Handtasche sich nur Notwendiges befindet. In den Taschentiefen trifft sich Kram mit Krümeln und Überlebenshilfen. Na und? Handtaschen ersetzen unterwegs Badezimmer und Büro.

Deshalb gilt: Sie sind für Ordnungstrainer tabu. Weil Ausräumen in diesem Fall das Leben schwerer und nicht leichter macht, denn hinterher fehlt – spätestens am übernächsten Tag – immer ein unentbehrliches Stück.

Halb getrocknet ist ganz gebügelt. Wenn Sie eine neue Waschmaschine brauchen – kaufen Sie sich eine mit eingebautem Trockner. Der Mehrpreis erspart viele Bügelstunden. Nimmt man Wäsche und Kleidung halb getrocknet heraus und lässt sie an der Luft ganz austrocknen, ist das Bügeln meist überflüssig. Nur Wollpullover mögen keine Trockner. Sie ziehen sich vor Schreck über die Wärme auf halbe Größe zusammen. Für immer.

Wussten Sie schon?
Der ultimative Rat für den Modeeinkauf: Wenn Sie sich nicht sicher sind, ob Ihnen das anprobierte Teil wirklich steht, steht es Ihnen wirklich nicht! Kaufen Sie es trotzdem, wird es in 99 Prozent aller Fälle zum boshaften Kleiderschranktroll.

Die Verkäuferin als Trendscout. Wer ein Lieblingsmodegeschäft hat, kann sich das Einkaufen leicht machen – er ernennt eine Verkäuferin zur privaten Trendspotterin. Sie muss anrufen, wenn Neues oder Passendes in den Laden kommt.

Warum sollte sie das für Sie tun? Weil das Modeinteresse in den letzten Jahren rapide gesunken ist (oder der Betrag, den wir noch für Mode ausgeben wollen) und die meisten Geschäfte auf mehr Service als Umsatzsteigerer setzen.

Sagen Sie »Ihrer« Verkäuferin, was Sie besonders interessiert (bei mir ist es zum Beispiel Schwarzes mit Pfiff), und Sie werden als Erste benachrichtigt, was an Neuem im Angebot ist. Bei etwas feineren Geschäften bekommen Sie dann meist auch Einladungen zu Modenschauen und Ankündigungen über preiswerte Sonderverkäufe.

Knüllen Sie den Stoff zusammen, wenn Sie eine neue Bluse, ein Kleid oder einen Mantel kaufen. Sie machen sich damit zwar bei manchen Verkäuferinnen unbeliebt, aber nur so erkennen Sie die Faltenresistenz. Wird der Stoff nach dem Öffnen der geballten Faust wieder glatt, verträgt er auch längeres Sitzen auf Bürostuhl oder im Ferienjet.

Nicht empfehlenswert: Verführung durch Factory Outlets. Ja, ich weiß – man kann dort billig einkaufen. Ich weiß aber auch, dass es keine größere Verführung zum Geldausgeben gibt als eine Halle mit Tausenden von verbilligten T-Shirts, Kleidern, Pullis, Mänteln, Blusen, Hosen.

Schnäppchenjäger lieben sie, aber die Schnäppchenjagd erschwert Frauen das Leben ebenso wie die Pirsch auf einen sibirischen Wolf das Leben eines Großwildjägers. Die Gesamtkosten übersteigen den Gewinn bei weitem. Auch den emotionalen. Und selbst der wird durch den Einkauf im Factory Outlet erheblich gemindert, wenn das Bankkonto anschließend so leer ist wie der Kleiderschrank voll. Außer Sie sind ein Vorbild an finanzieller Vernunft. Sind Sie es?

Tragen Sie Strümpfe, wenn Ihre Beine nicht (oder nicht mehr) perfekt aussehen. In Frankreich und erst recht in den USA sind Strümpfe für Businessfrauen und für die »elegance« am Abend immer noch strikter Modezwang. Auch bei tropischen Temperaturen. Bei uns können junge Frauen ab Mai unten ohne gehen, aber:

Nichts zerstört einen sonst guten Modeeindruck nachhaltiger (bei Männern wie bei anderen Frauen) als der Blick auf Krampfadern. Dann wirkt auch das schickste Kleid schäbig. Dasselbe gilt für unrasierte oder käsebleiche Beine. Beides ist zwar »natürlich«, wird gesellschaftlich jedoch nicht akzeptiert.

Blöd, aber Mode hatte noch nie etwas mit Vernunft und Logik zu tun …

Wussten Sie schon?

Braune Beine ohne dunkle Bräunungscremeflecken bekommt man am einfachsten, wenn man die Creme mit einer leichten Körpermilch mischt und erst dann aufträgt.

PERSONALITY

Sie sind (noch) besser, als Sie denken

Keiner gibt's zu, jeder weiß es: So großartig, wie wir uns gern nach außen darstellen, sind wir nicht. Oft verbirgt unser Lächeln nur Angst. Die Angst, nicht gut anzukommen, zu versagen, missverstanden, nicht gewürdigt, abgelehnt zu werden. Das ist normal. Und richtig. Ohne diese Angst wären wir unerträglich. Aber: Zufrieden mit uns und dem Leben sind wir nur, wenn sich Angst und Arroganz im Gleichgewicht auspendeln. Wer hier auf Simplicity setzt, schafft's am leichtesten.

Worin sind Sie gut? Die alte, überholte Moral forderte von uns: Erkenn deine Schwächen, reiß sie aus deinem Charakter wie Löwenzahn aus dem Rosenbeet. Simplicity-Sucherinnen nicken zu solchen Forderungen gelassen und konzentrieren sich auf ihre starken Seiten, denn: So wie das kräftige Wachstum eines gut gedüngten Rosenbusches Unkraut klein hält, so drängen liebevoll gehegte Charakterstärken unsere Schwächen in den Hintergrund.

Klingt zu simpel? Probieren Sie es aus. Für welche Fähigkeiten sind Sie schon mal gelobt worden? Fürs geduldige Zuhören? Für schnelle Entscheidungen? Weil Sie andere zum Lachen bringen können? Oder alle neuen Trends kennen? Für Kochen, Kontaktfreude oder Kreativität? Höflichkeit oder Humor? Und welche Ihrer Eigenschaften gefällt Ihnen selbst? Ohne dass sie anderen schon groß aufgefallen wäre?

Ihre Stärken gleichen Kraftpotenzialen. Erinnern Sie sich selbst an ihre Existenz, wenn Sie sich schwach oder unterbewertet fühlen. Die Konzentration aufs eigene Können wirkt auf Unsicherheit wie ein Staubsauger auf Teppichflusen. Die Angst verschwindet. Am Anfang nur für den Moment, auf Dauer für immer.

Vertrauen Sie Komplimenten. Lassen Sie sich loben – und lassen Sie sich von Ihrer Bescheidenheit oder Ängstlichkeit NICHT einreden, die Komplimente seien nicht ernst gemeint, Sie hätten sie nicht verdient oder der Komplimentemacher wolle Ihnen bloß schmeicheln. Mag ja sein, dass Sie mit einer dieser Vermutungen Recht haben, aber was soll's?

Genießen Sie auch unverdientes Lob, als ob Sie hart dafür gearbeitet hätten. Es ist ein gerechter Ausgleich für den (viel häufiger ausgesprochenen) unverdienten Tadel und all die Gelegenheiten, bei denen wir lobenswert sind, ohne gelobt zu werden. Jedes mit Freude entgegengenommene Kompliment kann Ihr Leben vereinfachen – durch Freude. Wenn Sie sie zulassen.

Wussten Sie schon?
»Die Zufriedenheit mit dem eigenen Leben sinkt«, sagt die Glücksforschung, »wenn das Einkommen anderer steigt.« Als ob wir weniger hätten, nur weil Nachbar oder Kollege mehr bekommt. Was für eine blöde Gefühlstäuschung!

Fragen Sie andere um Rat. Selbstverständlich wirken Sie stärker und unabhängiger, wenn Sie alle Privat- und Berufsprobleme allein lösen, aber wollen Sie sich wirklich das Leben so schwer machen? Es muss ja nicht gleich der professionelle (und teure) Profiratgeber gefragt werden. Wozu hat man Freunde und Verwandte, die andere Kenntnisse besitzen als man selbst? Oder vielleicht schon mal in einer ähnlichen Situation waren?

Man muss den Lösungsvorschlag eines anderen ja nicht annehmen, wenn er nicht wirklich in unser Entscheidungsschema passt, aber er verkleinert vielleicht den eigenen »blinden Fleck«, der das Problem unlösbar machte, oder beseitigt die Scheuklappen, die wir oft tragen. Das heißt: Jede Beratung erweitert unseren Horizont. Sie gibt – selbst wenn der gegebene Rat uns nicht gefällt – oft den entscheidenden Denkanstoss für eine ganz eigene Lösung.

Wussten Sie schon?
Bereits vor 400 Jahren riet der Theologe Franz von Sales: »Du sollst nicht einmal wünschen, gescheiter zu sein als du bist. Benutze stattdessen das bisschen Verstand, das du hast.«

Es gibt nichts Gutes, außer man nimmt es selbst in die Hand. Klingt banal? Ist es, aber ich habe von einer meiner besten Freundinnen gelernt, wie wichtig dieser Simplicity-Tipp ist, wenn man das oft so verschüchterte Innenleben durch mehr Anerkennung von außen aufpäppeln will.

Diese Freundin bedankt sich für jede Einladung mit ein paar aus Komplimenten bestehenden Zeilen. Sie schreibt Freunden, die im Krankenhaus liegen, täglich eine Postkarte oder schickt ihnen ein Fax. Im Notfall monatelang. Immer nur ein paar Zeilen. Oder ein aufmunterndes Dichterzitat. Eine andere pflegt durch regelmäßige Anrufe den Kontakt mit der riesigen Bekanntschaft, besonders mit einsamen Singles.

Andere bezahlen für Kinder in armen Ländern das Schulgeld, lassen das Rote Kreuz regelmäßig ein paar Euro von ihrem Konto abbuchen oder schicken noch brauchbare, saubere Altkleider in die Ex-Sowjetunion (Adressen gibt's über die bekannten Hilfsorganisationen).

Oder sie hören geduldig zu, wenn eine Freundin zum zehnten Mal ihre Männerleidensgeschichten erzählt. Obwohl sie genau wissen, dass nicht »die Kerle« am Scheitern der Beziehungen schuld sind, sondern die Freundin selbst. Wegen ihrer eigenen Fehler und Fehlinterpretation ihrer Wünsche.

Sie meinen, das erleichtere das Leben nicht, sondern erschwere es? Richtig. Nettsein macht Arbeit. Nettsein streichelt aber auch das eigene Ego. Besonders wenn es sonst eher schwächelt. Und deshalb gehört es – auf Dauer gesehen – zu den Vereinfachungen. Finde ich.

Werfen Sie Ihren Ärger in den Müll! Verkrampft sich Ihr Magen jedes Mal, wenn Ihnen das Gesicht Ihres Expartners einfällt? Ärgert es Sie heute noch, dass Ihr kleiner Bruder immer die Weihnachtsplätzchen-Teigreste bekam und nicht Sie? Müssen Sie jedes Mal die Stirn in tiefe Falten legen, wenn Sie an die diebische Putzfrau denken, die Sie mal hatten?

Magenkrämpfe, Ärger, Stirnrunzeln werden irgendwann zur Gewohnheit. Zur automatischen Reaktion, die bei jeder Gelegenheit zuschlägt, die auch nur im Entferntesten an die Ursprungssituation erinnert. Falls Sie auch so einen Stachel im Gedächtnis tragen – lohnt sich die (negative) Gefühlsinvestition überhaupt noch? Hat die Zeit die Wunden nicht zumindest vernarben lassen? Und wenn's Drübernachdenken nicht mehr wirklich weh tut, könnte man dann nicht von Frust auf Vergessen umschalten? Man kann.

Trainieren Sie Ihre Kurzzeitvergesslichkeit. Irgendetwas ist schief gegangen? Sie haben einen Fehler gemacht? Jemand hat Sie gekränkt? Simplicity-Sucherinnen versuchen so etwas so schnell wie möglich zu vergessen. Weil die Verankerung im Langzeitgedächtnis aus dem Stich einer Mücke gern den einer Hornisse macht.

Je weniger wir unser Gehirn mit negativen Langzeiterinnerungen belasten, umso leichter wird unser Leben. Wer's nicht auf Anhieb schafft, verbucht miese Erlebnisse wenigstens unter der Rubrik »gewonnene Erfahrung« statt unter »das kränkt, ärgert, verletzt, beschämt mich heute noch«. Auch das hilft. Auf Dauer!

Nicht empfehlenswert: das Leben ständig ernst nehmen. Simplicity-Fans wissen, dass sie nur einer unter acht Milliarden Menschen sind. Selbst wenn Sie überzeugt sind, dass jeder Mensch im Leben eine Aufgabe hat, die er erfüllen muss, dass Leben einen tieferen, ernsten Sinn hat, dass wir womöglich im Jenseits für unsere Sünden bestraft werden – wer über sich selbst lacht (und über alle anderen »Alles-Ernstnehmer«), lebt leichter. Sie zweifeln? In dem oberbayerischen Dorf, in dem ich aufwuchs, kursierte ein Spruch, den ich nie vergessen habe:

»Wissen Sie, warum Engel fliegen können? Nicht weil sie so leicht sind, sondern weil sie nichts zu schwer nehmen.«

Wer ist der kleine Mann im Ohr? Das Phantom, das Ihnen so oft Vorhaltungen macht? Der Einflüsterer, der Ihr Selbstwertgefühl spontan von hundert auf null senken kann?

Schauen Sie sich bei Gelegenheit mal an, wer für Ihr »schlechtes Gewissen« verantwortlich ist. Ihr Großvater, der »immer schon« gesagt hat, dass Sie nie einen Mann bekommen werden, weil Sie nicht kochen lernen wollten? Ihre erste Lehrerin, die Sie für faul und frech hielt? Ihre Mutter, die Ihnen ein Leben in Armut androhte, wenn Sie Ihr Taschengeld statt in die Spardose in den Süßigkeitenautomaten steckten?

Natürlich brauchen wir unser Gewissen, um andere anständig zu behandeln. Der kleine Mann im Ohr ist aber meist nur der Klon eines Menschen, der uns in der Kindheit erschreckt hat. Damals, als wir noch nicht wussten, was richtig und falsch im Einzelfall bedeutet.

Lassen Sie sich nicht von ihm nerven. Identifizieren Sie ihn. Und dann konfrontieren Sie seinen Hintermann (oder die »Hinterfrau«) mit Ihrem Erwachsenen-Ich. Haben Sie es wirklich heute noch nötig, nach den Maßstäben von Großvater, Lehrerin oder Mutter zu leben? Das kann ich mir nicht vorstellen.

Wussten Sie schon?
Die wichtigste moralische Instanz in Ihrem Leben sind die Menschen, mit denen Sie heute zu tun haben, nicht jene, die Sie erzogen haben.

Nicht empfehlenswert: Angst vorm Übermorgen. Es kommt, wie's kommt, und viel können Sie nicht dagegen tun. Vorsorge und Versicherungen gegen das Unerwartete beruhigen, aber Treueversprechen vor dem Altar schützen nicht vor Scheidung und ein Lottogewinn nicht vor Krankheit.

Das einzige Rezept zur Vereinfachung Ihres Lebens: Denken Sie gar nicht erst darüber nach, was Ihnen noch alles Schreckliches passieren könnte. Außer Sie machen gleichzeitig einen Plan, wie

Sie damit fertig werden. Da wir das selten tun (und können) und uns stattdessen von vagen Armuts-, Einsamkeits- oder Unfallängsten verunsichern lassen, kaufe ich mir in solchen Momenten einen Thriller, wenn die Zukunft mir droht, statt mich zu locken. Andere lenken sich mit einer Comedy-Show ab, einem Sherry (es darf auch ein Glas Champagner sein) oder einem Internet-Chat. Egal. Hauptsache, wir erinnern uns daran, dass wir bisher immer alle auftauchenden Probleme (wenn auch nicht genial, so doch irgendwie) gelöst haben. Warum sollten wir das in Zukunft nicht schaffen?

Meine Devise: Überlassen wir das Übermorgen so lange sich selbst, bis es zum Heute wird. Bis dahin genießen wir das Heute, so gut es geht.

Seien Sie nett zu sich! Wie viel Zeit und Energie stecken Sie in die Überlegung, wie Sie Ihren Partner verwöhnen, was Sie ihm schenken könnten? Mindestens ebenso viel Zeit und Energie gönnen Simplicity-Frauen sich selbst. Besonders wenn das Leben eher grau als golden aussieht.

Sie ziehen sich für vier Wochen ins Kloster zurück (sehr erholsam! Auch für Nichtchristen), statt mit der Familie nach Gran Canaria zu fliegen. Sie gehen für ein Wochenende in ein Beauty-Spa, statt weiter auf eine neue Wohnzimmercouch zu sparen, oder gönnen sich an einem Nachmittag eine Massage. Sie lassen sich das Horoskop stellen (immer gut, weil kein Astrologe seine Kunden durch die Beschreibung eines schlechten Charakters oder mieser Zukunftschancen verärgern will), lassen sich die Karten legen oder buchen einen Hexenkurs für Mondscheintänze.

Ob Langferien fürs Ich oder Schnellverwöhnung – wenn Sie von Zeit zu Zeit nur etwas für sich tun, bleiben anstehende Probleme vielleicht ungelöst, aber Sie tanken Kraft, um die richtige Lösung zu finden.

Glauben Sie an Gerechtigkeit! Wir alle wissen: Millionäre bekommen von Banken mehr Unterstützung als Sie oder ich, korrupte Politiker weniger harte Strafen und »Luder« eine eigene TV-Show, wenn sie einen Prominenten verführen. Das ist widerlich ungerecht.

Trotzdem: In unserem kleinen, privaten Leben hilft der Glaube an Gerechtigkeit. Er ist ein Schutzschild gegen seelische Verletzungen, denn er liefert uns eine allgemein anerkannte Messlatte für den Umgang miteinander. Wird sie uns gegenüber unterschritten, können wir uns mit »Fug und Recht« beschweren. Und wenn wir uns selbst um gerechtes Verhalten bemühen, vermeiden wir Streit.

Wussten Sie schon?
Kinder haben ein angeborenes Gefühl für Gerechtigkeit. Nur zwei Tatsachen müssen wir alle mühsam lernen: dass es Gerechtigkeit nicht immer sofort gibt und dass Schicksalsschläge nicht mit dem angeborenen Gerechtigkeitssinn zu erklären sind.

Vertrauen Sie Ihrem Bauch! Wissenschaftler stellten vor kurzem staunend fest: In unserem Bauch gibt es ein dichtes Netzwerk von Zellen, das eng mit dem Gehirn verbunden ist. Es nimmt Gefühle auf und bewertet sie. Simplicity-Sucher verlassen sich auf ihr »Bauchgefühl«. Sie horchen vor einer Entscheidung in sich hinein und fragen ihre Gefühlsneuronen: »Welche Alternative fühlt sich besser an?« Und die wählen sie dann.

Zugegeben: Das kann auch komplett schief gehen. Ich bin manch einem Mann (zumindest kurzfristig) gefolgt, weil mein Bauchgefühl »wunderbar« flüsterte. Ich habe aus diesem Bauchgefühl heraus auch schon viel zu teure Kleider gekauft und zu viel Pralinen. Deshalb versuche ich mich an die kritischeren Gehirnneuronen zu halten, wenn es um ein Ja zu Sex, Mode oder Essen geht. Bei schwerwiegenderen Entscheidungen höre ich ernsthaft in meine Bauchgegend, und wenn dort Unbehagen signalisiert wird, folge ich dieser Ablehnung. Das hat sich als echte Entscheidungshilfe bewährt.

Nicht empfehlenswert: das Schwelgen in schönen Erinnerungen und die Abwertung der Gegenwart. Nostalgie in kleiner Dosis ist ein echter Glückslieferant – solange der Rückblick ins gute Vorgestern nicht zur Missachtung aktueller Glücksmöglichkeiten führt.

Das gilt fürs Privatleben, in dem Eltern von der eigenen Jugend schwärmen, statt die Jugendlichkeit ihrer Kinder zu genießen. Es gilt aber auch für Gesellschaftskritiker, die gar zu gern behaupten: »Früher war alles besser.« Weil sie noch nie ein Geschichtsbuch über die Gräuel des Strafvollzuges bis ins 20. Jahrhundert hinein gelesen haben, über die Grausamkeiten von Raubrittern und Räuberbanden, das Leiden durch Pest- und Grippeepidemien oder die grauenvoll schlechte Behandlung von Frauen und Kindern in früheren Zeiten.

Eltern wie Gesellschaftskritiker zeigen durch die (meist falsche) Verklärung der Vergangenheit nur, dass sie das Gute im Heute als zu selbstverständlich hinnehmen. Deshalb erleichtere ich mir schwierige Tage immer mal wieder durch Positivlisten. Ihr Inhalt: Wofür sollte ich jetzt dankbar sein? Was ist heute besser als früher? Oder mindestens ebenso gut?

Ich verspreche Ihnen: Mit etwas Nachdenken findet man dabei viel Angenehmes und mehr als vorher für möglich gehalten. Und das Leben erscheint plötzlich federleicht statt steinschwer.

Wussten Sie schon?
Ein Pfund Federn ist wirklich genauso schwer wie ein Pfund Blei.
Aber man kann schöner damit spielen.

Bemitleiden Sie sich doch mal selbst! Es ist ein wunderbares Gefühl. Wenn es mir richtig dreckig geht, wenn das Leben mich in einem schwarzen Sumpf ausgesetzt oder in einen tiefen Brunnen gestürzt hat, weine ich vor Mitleid mit mir selbst – und tröste mich wie ein kleines Kind, das sich den Kopf angeschlagen hat.

Mit Worten wie »Es wird schon wieder werden« oder »Es geht bestimmt vorbei!« oder »Alles wird gut!«. Natürlich auch mit Sätzen wie »Alle anderen sind schuld« (was nie stimmt) oder »Das Schicksal ist einfach ungerecht« (was es ohne eigenes Zutun selten ist).

Selbstmitleid tut ungeheuer gut. Es tröstet die verzweifelte Seele besser als jeder Freund, weil man sich deswegen noch nicht mal vor sich selbst genieren muss. Eine Zeit lang. Irgendwann lasse ich dann auch den Gedanken wieder zu, der mir sagt: Reiß dich zusammen. Die Welt geht nicht unter und das Leben weiter.

Wenn Sie alles nervt – spielen Sie »Leben ändere dich«. Es geht ganz einfach. Schreiben Sie auf, was Sie gern ändern würden (wenn Sie die Kraft dazu aufbrächten) und wie Ihr Leben dann aussehen sollte.

Was passiert, wenn Sie … Ihren Partner rausschmeißen, den Job wechseln, das Rauchen aufgeben, selbst aus der gemeinsamen Wohnung ausziehen, auf alle Süßigkeiten verzichten, um gertenschlank zu werden?

Fragen Sie sich dann: Wie könnte mein Leben dann weitergehen? Wie würde ich mich dabei fühlen? Welche neuen Schwierigkeiten würden entstehen? Und besonders: Lohnt sich der Aufwand?

Obwohl das »Leben ändere dich«-Spiel nicht unbedingt Spaß macht, spannend ist es auf jeden Fall. Und hilfreich als Simplicity-Rezept, weil es Klarheit liefert über die Wege, die einem offen stehen – und ihre Konsequenzen.

Ich spiele es, wenn ich mal wieder in eine Lebenssackgasse geraten bin. Es hat mir die Entscheidung zwischen »alles stehen und liegen lassen und über den Zaun springen« und »Rückwärtsgang einschalten und mich den Feinden stellen« immer sehr erleichtert.

Schließen Sie Frieden mit Ihren Fehlern. Ja, ja! Starke Charaktere kämpfen an gegen Klatschsucht, Egoismus, Schlamperei, Hochmut, Eitelkeit und, und, und … Simplicity-Fans finden sich mit den Fehlern ab, die sie haben. Natürlich sollte jeder versuchen, die eigenen Schwächen so klein wie möglich zu halten, so klein zumindest, dass man anderen damit nicht gar zu sehr auf den Geist geht, aber sie benützen dafür die Zwei-Schritte-Regel:

- Erster Schritt: Die Egofehler werden definiert und bewusst zur Kenntnis genommen – damit man weiß, ob die Anklagen anderer berechtigt sind. Werden sie einem vorgeworfen, braucht man nicht vor Scham in den Boden zu versinken, sondern kann gelassen um Verzeihung und Verständnis bitten.
- Zweiter Schritt: Eigene Fehler werden akzeptiert – damit man sich ihretwegen nicht länger minderwertig vorkommt. Zwar sind wirklich großartige Menschen weder klatschsüchtig, egoistisch, hochmütig oder etwa eitel. Aber wer ist schon wirklich großartig? Jeder von uns hat genügend gute Eigenschaften, um solche Schwächen auszugleichen. Sie etwa nicht? Dann lesen Sie noch mal den Simplicity-Rat über die Suche nach den eigenen Stärken!

Erfinden Sie Ihren eigenen Glücksspot! Den Trick hat mir ein Management-Guru beigebracht. Er befahl seinen »Schülern«: »Suchen Sie sich eine harmlose Geste, die auch in großer Runde nicht auffällt. Streichen Sie zum Beispiel mit dem Daumen über den Mittelfingernagel. Oder fassen Sie sich kurz ans Ohrläppchen. Streichen Sie mit einer Hand über den Ellenbogen. Oder legen Sie kurz die flachen Hände gegeneinander. Was immer Sie tun – denken Sie dabei: Ich bin ein glücklicher Mensch. Dies ist ein Moment des Glücks.«

Klingt doof? Macht nichts. Ich habe gelernt: Je häufiger ich meine Glücksspotgeste ausführe, umso besser entspannen mich die zwei Gedankensätze und schenken mir einen Glücksmoment. Ob meine Auftraggeber mich fertig machen wollen, mein Sohn nur die Rüpelnummer drauf hat oder ich mich selbst nicht leiden kann – hinterher ist das Leben leichter zu bewältigen.

Wusster Sie schon?

Unser Gedächtnis merkt sich Schlimmes leichter als Gutes. Weil das fürs Überleben wichtig ist. Doch man kann es auf Glück umpolen. Wenn man glückliche Momente bewusst zur Kenntnis nimmt – vom Lächeln eines Fremden über Sonnenschein beim Aufstehen bis zum guten Geschmack von Tomaten oder Sahnetorte.

Wofür würden Sie sich lieben, wenn Sie sich gerade kennen gelernt hätten? Na? Ihr strahlendes Lächeln? Ihre Hilfsbereitschaft? Ihr Einfühlungsvermögen? Je mehr Sie sich darauf konzentrieren statt auf das, was Sie für Ihre Fehler halten, umso leichter wird Ihr Leben. Weil andere Sie wirklich für diese Eigenschaften lieben werden.

Nicht empfehlenswert: Flexibilität. Ja, sicher! Ständig wird sie von uns gefordert. Im Beruf sollen wir wie eine Springmaus ständig von einem Arbeitgeber zum nächsten wechseln. Inklusive Umzug nach Hongkong oder Houston, Texas. Und im Privatleben sollen wir uns nicht über eine Scheidung aufregen, sondern schnell den nächsten Partner suchen. Nach dem Motto »Nichts ist unmöglich«.

Meine Empfehlung: Hören Sie allenfalls mit einem Ohr auf solche Ratschläge. Nicht jeder ist von Natur aus gierig auf Neues, nicht jeder besitzt das zur Zeit geforderte Flexibilitätsgen. Wenn Ihre Abneigung gegen einen Wechsel der Lebensumstände größer ist als Ihre Freude am Abenteuer – bleiben Sie, wo Sie sind, und bleiben Sie bei dem, bei dem Sie sind. Kämpfen Sie für das Glück der Beständigkeit! Bewusst und ohne schlechtes Gewissen.

Ich habe mich immer für sehr flexibel gehalten. Ich war geradezu stolz darauf – bis ich merkte, dass die Suche nach einer neuen Wohnung, außerhalb meines gewohnten Stadtteils, meine Nerven zum Zittern brachte. Also habe ich meinen Vermieter demütigst gebeten, meine Kündigung zurückzunehmen. Jetzt komme ich mir zwar vor wie ein Angsthase, aber mein Bauch kneift mich nicht mehr. Und ich habe gemerkt: Flexibilität für alle zu fordern, zu jeder Zeit und zur Lösung jedes Problems, ist Unsinn.

Nicht empfehlenswert: möglichst oft der Erste zu sein. Ständig werden wir alle auf Leistung getrimmt. Ohne es richtig zu merken. Überall gibt es Leistungslisten – die reichsten Leute, die schönste Frau der Welt, der am besten angezogenste Mann, der Koch mit den meisten Sternen, die Frau mit den meisten Sozialkontakten. Oder den meisten Liebhabern. Oder den meisten Orgasmen.

Shit! Wer bin ich, wer sind Sie, dass wir uns hetzen lassen? Beim Kampf um die Clubmeisterschaft im Tennis, beim Backen der krossesten Pizza der Welt, als erfolgreichste Kindererzieherin?

»Benchmarking« nennt man das im Management, sich immer mit den Besten messen. Muss das im Privatleben auch sein? Es muss nicht!

Nicht empfehlenswert: ständig nach dem Sinn des Lebens suchen. Wer wirklich lebt, fragt nicht nach dem Sinn. Er erledigt die Aufgaben, die ihm das Leben stellt, so gut er kann – und mit so viel Freude wie möglich. Weitere Sinnsuche kostet viel Geld (für Zen-Gurus, Psychoberater, Horoskope oder Kirchen) und Zeit. Und macht oft traurig und depressiv, wenn so ein richtiger Erleuchtungs-»Sinn« sich nicht finden lässt.

Wozu wir auf der Erde rumlaufen, wenn das Leben keinen Sinn hat? Um ihm selbst einen zu geben. Möglicherweise durch Glauben an Gott (unter welchem Namen auch immer). Oder an das Leben selbst. Wenn ich schon da bin, kann ich auch das Beste daraus machen. Für mich und alle, mit denen ich zu tun habe. Nach der immer noch erstaunlich einfachen Bibeldevise: Liebe deinen Nächsten – wie DICH SELBST.

Meiden Sie Jammerer! Sie färben noch den schönsten Sonnentag regengrau, weil sie immer etwas zu meckern haben, sich selbst bemitleiden oder »alles« mies finden. Laufen Sie so schnell wie möglich weg, wenn Sie einem begegnen. Versuchen Sie ihn gar nicht erst davon zu überzeugen, dass er nur den Blickwinkel ändern müsste, um besser mit den Kollegen auszukommen, endlich den richtigen Partner zu finden, nicht immer in der falschen Schlange zu stehen, mehr Pech zu haben als andere. Solche Menschen sind nicht zu ändern – und stecken andere gar zu gern mit ihrer Miesmacherei an.

Wussten Sie schon?
Im Mittelalter wurden die Bürgermeister der Hansestädte geköpft, wenn ihre Truppen eine Schlacht verloren hatten. Im Vergleich dazu ist unser modernes Scheitern, die Unfähigkeit den geliebten Mann zu halten wie ein Fehler im Beruf, doch absolut harmlos. Oder?

Bereuen Sie – NICHTS! Die Pariser Sängerin Edith Piaf wurde mit dem Lied »Je ne regrette rien« berühmt. Vor 70 Jahren. Es wird noch heute gespielt, weil es eine echte Lebensweisheit wiedergibt:

Auch gigantische Fehler sind Teil unserer Lebensgeschichte. Wenn wir uns ihrer ein Leben lang schämen, schaden wir uns selbst und nützen niemandem. Simplicity-Fans bereuen lieber kurzfristig und versuchen Ähnliches nie wieder zu tun. Der Rest ist – ein schweigendes Gewissen. Oder zumindest eines, in dessen Wunden nicht immer und immer wieder gebohrt werden sollte.

Duften Sie! Parfums unterstreichen die Persönlichkeit – oder den Teil, den Sie gerade unterstrichen haben möchten. Ihre frivol-erotische Seite oder die kompetente, Ihre jugendlichen Trendsettertendenzen oder Ihren zeitlos guten Geschmack. Simplicity-Frauen verzichten nur dann auf Parfum, wenn sie sich selbst wirklich nichts daraus machen. Alle anderen benutzen es als Aromatherapie: zur Aufheiterung der eigenen Seele und zum Beeindrucken fremder.

Stellen Sie ein besonders hübsches Bild von sich selbst auf einen Platz, wo Sie es täglich sehen. Und natürlich in einem schönen Rahmen! Als Mittel gegen Minderwertigkeitsgefühle, denn Ihr Bild sagt Ihnen: »Schau her! So hübsch bist du! Kein Grund zur Panik!«

Nicht empfehlenswert: Tiefgründigkeit und Ernsthaftigkeit. Sie gelten als Charakterplus, aber:

Oft sind sie nur eine Entschuldigung dafür, dass man sich selbst ernster nimmt als notwendig. Simplicity-Frauen gelten lieber als etwas oberflächlich, weil sie über Probleme (eigene und fremde) mit einem Lächeln hinweggehen, als tiefsinnig darüber zu philosophieren.

Sie wissen: Hinter Worten wie »Ich bin eben ein tiefgründiger Charakter« oder »Ich bin ein ernsthafter Mensch« verbergen sich eher Jammerer als wirklich Starke.

Schönheit

Weniger ist mehr

Hören Sie nicht auf die Werbung. Schön sein und bleiben, ist viel einfacher als Kosmetikanbieter und Frauenmagazine oft behaupten. Sie brauchen weder einen Make-up-Kurs noch für jeden Körperteil eine spezielle Creme. Das Einzige, worauf Sie verzichten müssen, wenn Ihre Haut auch mit 60 noch jugendlich wirken soll, sind lange Sonnenbäder und Zigaretten.

Nicht empfehlenswert: Tagescremes ohne Lichtschutzfaktor, denn neben dem Rauchen produziert Sonnenlicht (auch wenn es durch Wolken gefiltert wird) am meisten »freie Radikale« (unstabile Zellzerstörer) in der Haut. Deshalb verwenden Vorsichtige zum Sonnen nur Cremes mit Lichtschutzfaktoren über acht und kaufen Tagespflege nur, wenn sie Lichtschutzelemente enthält. Das moderne Make-up schützt ebenfalls vor UV-Strahlen.

Wussten Sie schon?
Auch mit »Sunblockern« des Lichtschutzfaktors 30 werden Sie braun. Denn sie blocken nur die schädlichen Strahlen ab, bräunende lassen sie durch – allerdings langsamer.

Reinigen, reinigen, reinigen – alle Schönheitsexperten bestehen darauf, dass die abendliche (und morgendliche!) Gesichtsreinigung unerlässlich ist. Nicht mit Seife, ihre Inhaltsstoffe sind für Sensible zu hart, sondern mit Reinigungsmilch. Heute kann sie sogar Wimperntusche und Augen-Make-up sanft entfernen. Gesichtswasser ist der reine Luxus.

Feuchtigkeit für Hals und Hände! Natürlich wieder mit Lichtschutz. Tagescremes fürs Gesicht liefern sowieso Feuchtigkeit, aber oft vergessen werden Hals und Hände. Wer für sie keine Extracreme kaufen will, behandelt sie einfach mit Sonnenmilch. Bleiben Hals und Hände ungeschützt, altern sie schneller als das Gesicht – und verraten die Länge des gelebten Lebens.

Lassen Sie Ihre Haut nachts arbeiten. Gönnen Sie ihr gehaltvolle Pflegecremes. Je älter Sie sind, umso mehr Wirkstoffe sollte sie enthalten. Welche es sein sollen? Probieren Sie unterschiedliche Cremes aus. Die, die Ihnen am angenehmsten ist, benützen Sie weiter. Als besonders effektiv herausgestellt haben sich unter anderem Coenzym Q_{10}, Retinol (heute so umgebaut, dass es die Lichtempfindlichkeit der Haut nicht mehr erhöht), Hefeextrakte, Vitamin C, Soja- und Algenextrakte.

Eincremen nach dem Duschen – kein Muss. Sie müssen sich nicht nach jedem Duschen oder Baden ganz eincremen, falls Sie keine Lust dazu haben. Ist Ihre Haut gesund, sollten Sie aber Armen und Beinen etwas Körpermilch gönnen, denn sie werden sehr schnell trocken.

Nicht empfehlenswert: Verzicht aufs Deo. Der Nächstenliebe wegen.

Wussten Sie schon?
Shampoo wäscht Ihren Körper so gut wie die Haare, wenn mal kein Duschgel oder Badeschaum im Haus ist. Das Ganze funktioniert auch umgekehrt!

Die einfachste Fingernagelpflege (falls Sie sich keine langen Vampnägel züchten wollen): zu einem sanften Oval feilen, so brechen sie am wenigstens ab, und in hellen Beige- oder Rosétönen lackieren, dann fällt es kaum auf, wenn etwas Lack absplittert. Und ab und an etwas Nagelhautcreme einmassieren. Dann bleiben die Häutchen unauffällig.

Sie brauchen wirklich keinen Unterlack! Klar, er schützt Ihre Nägel vorm Durchfärben dunkler Oberlacke, aber groß ist der Unterschied zwischen »mit« und »ohne« nicht. Und die raue Oberfläche Ihrer Nägel, die er ausgleichen soll? Sie werden auch

»drunter ohne« kaum bemerkt. Oder wird Ihnen ständig die Hand geküsst?

Die unschlagbar pflegeleichteste Frisur – Ihre eigenen Wirbel und Wellen. Lassen Sie Ihr Haar mal »einfach so« trocknen. Dann sehen Sie, wie sie von Natur aus fallen. Dazu soll sich Ihr Friseur den richtigen Schnitt ausdenken, denn dann haben Sie den geringsten Ärger damit und können die Haare wahrscheinlich sogar ohne Fönen trocknen lassen. Außerdem sieht eine Frisur »à la nature« persönlicher und origineller aus als jeder der gerade angesagten Modeschnitte.

Die Tönung fürs erste Grau? Nicht exakt in der Naturfarbe, sondern einen Ton heller. Das wirkt jünger.

Wussten Sie schon?
Um morgens die Frisur tagesfein herzurichten, brauchen Simplicity-Frauen nicht länger als fürs Anziehen. Deshalb lohnt sich das Geld für einen guten Schnitt. Immer!

Nicht empfehlenswert: Kurzhaarfrisuren für 50-plus. Älteren und Rundlichen werden sie oft empfohlen, aber der Rat ist schlecht. Kurze Haare betonen die Gesichtsflächen und damit auch Falten; sie lassen den Kopf im Vergleich zur rundlicher gewordenen Figur zu klein wirken.

Viel besser, besonders für Ältere: halblange, leicht gestufte Frisuren mit und ohne Pony. Sie müssen nicht so oft nachgeschnitten werden wie kurze und fallen auch ohne Fönen meist perfekt.

Übrigens: Haare, die bis über die Schultern reichen, wirken nur bei jungen Frauen gut. Um damit noch jenseits der 50 gut auszusehen, muss eine Frau schon sehr klassisch-elegant gekleidet sein und sich entsprechend bewegen können.

Wusssten Sie schon?

Wussten Sie schon?
Preiswerte Pflegeprodukte sind laut wissenschaftlicher Untersuchung ebenso wirksam wie die teuren, allerdings sind sie nicht so edel in Aufmachung und Duft.

Nicht empfehlenswert: Make-up-Grundierung, die dunkler ist als Ihre Gesichtshaut. Oder heller. Das eine macht alt, das andere wirkt krank. Beides sieht künstlich aus. Viel besser: Suchen, bis Sie eine Grundierung exakt in Ihrer Hautfarbe gefunden haben. Dann müssen Sie auch nicht das ganze Gesicht damit überdecken. Es reicht, wenn Sie sie nur auf Problemzonen wie Nasenflügel oder Kinn auftragen. Für das anschließende Anti-Glanz-Pudern nehmen Simplicity-Frauen Kompakt- statt losen Puder. Der stäubt nicht das ganze Zimmer ein, wenn er mal runterfällt.

Der einfachste und wirkungsvollste Lidstrich: eine hauchdünne Umrundung des äußeren Bereichs der oberen und unteren Wimpernreihe. Am einfachsten geht's mit einem feuchten Pinsel, der vorher auf grauen oder braunen Lidschattenpuder getupft wurde. Er erspart den extra Lidstrichstift.

Ein Hauch von Rouge statt Lidschatten – sorgt für einen wachen und frischen Blick und wirkt besonders tagsüber eleganter. Der Trick stammt aus Japan: Geben Sie einfach etwas rosig-bräunliches Rouge auf die Fläche unter den Brauenbogen.

Sehr gut: Volume-Mascara für die Wimpern, denn die können nie lang oder dicht genug aussehen. Der Volume-Mascara erfüllt den Wunsch nach beidem.

Nicht empfehlenswert: wasserfester Mascara. Er trocknet die Wimpern aus und dadurch brechen sie leicht ab. Bei jungen Frauen ist das nicht so schlimm. Der Nachwuchs gleicht die »Lücke«

schnell aus. Bei älteren Frauen ist das anders: Das Wachstum der Wimpern wird langsamer.

Wussten Sie schon?
Wimperntusche, auch die nicht »wasserfeste«, ist heute so haltbar, dass sie die eine oder andere Träne aushält (ohne sie dunkel zu färben).

Bräunlicher Puder statt Brauenstift – das wirkt feiner. Ziehen Sie die Augenbrauen mit einem abgeschrägten Pinsel nach, den Sie vorher in bräunlichen Lidschattenpuder getupft haben. Damit sehen Sie weit »natürlicher« aus als mit Brauenstiftstricheleien.

Lippenstift in Ihrer Lippenfarbe – er tönt Ihre Lippen am schönsten, besonders wenn Sie keine 20 mehr und nicht gerade auf dem Weg zu einem Abendevent sind. Je näher Lipgloss oder Lippenstift Ihrer Naturfarbe kommen, umso frischer wirken Sie. Sind die Lippen sehr blass, lohnt sich eine Umrahmung mit rosig-braunem Lippenkonturstift. Sind sie's nicht, können Sie glatt darauf verzichten.

Rosig-bräunliches Creme-Rouge auf den Wangen lässt ein blasses Gesicht sofort frischer wirken. Betont sichtbares Rouge gilt seit einiger Zeit auch bei jüngeren Frauen nicht mehr als trendy.

Auf eine extra Augencreme können Sie verzichten! Die normale Gesichtspflege ist heute so sanft, dass man auch die zarte Haut rund um die Augen damit eincremen kann. Und den Hals! Spezialcremes für beides sind überflüssig.

Wussten Sie schon?
Gegen Cellulite an Oberarmen oder Oberschenkeln wirkt Gymnastik, also das Training der Muskeln, viel besser als jede Spezialcreme.

Altersflecken auf den Händen kann der Hautarzt entfernen. Es lohnt sich, denn Hände verraten eine lange Lebenszeit oft deutlicher als das Gesicht.

Keine schnellen Entschlüsse für eine Schönheitsoperation. Auch dem besten Operateur gelingt nicht alles, weil jede Patientin anders auf die Operation reagiert. Nicht jede Haut heilt gleich gut! Nicht jedes Gesicht sieht mit einer neuen Nase schöner aus als vorher.

Lassen Sie sich deshalb reichlich Zeit, um das Für und Wider zu bedenken! Machen Sie Termine bei mehreren Schönheitschirurgen (alle sollten Mitglieder im Verband plastischer Chirurgen sein!) und lassen Sie sich von Ihnen genau über Risiken und Nebenwirkungen aufklären. Bei der Operation von Schlupflidern geht meist alles glatt, aber bei größeren Operationen kann vieles falsch laufen. Sind Sie wirklich so unzufrieden mit sich?

> **Wussten Sie schon?**
> Kaum ein Mann verlässt seine Frau, weil eine andere »schöner« ist oder weniger Falten hat. Eine Neue ist nur reizvoller, weil sie eben neu ist.

Schöne Zähne durch nächtliches Bleichen – das geht. Ihr Zahnarzt passt Ihnen dafür eine sehr bequem zu tragende Plastik-Zahnspange an. Sie wird nachts mit einem Bleichgel bestrichen und auf das Gebiss gesetzt – so lange, bis Ihre Zähne den Weißton haben, der Ihnen gefällt. Ohne Beschädigung des Zahnschmelzes!

Nicht empfehlenswert: haarige Beine unter dünnen Strümpfen oder nackt. Klar, Rasieren ist lästig, aber die allgemeine Konvention fordert nun mal: Frauen müssen glatte Beine haben, Männer dürfen Stachelhaar zeigen. Warum? Niemand weiß es, aber wer auch hier Simplicity (in diesem Fall: Naturlook) sucht, braucht ein dickes Fell, damit kritische Blicke nicht schmerzen.

Wer die Haare unter den Achseln entfernt, folgt zwar auch einem unerklärlichen Schönheitsideal, aber er hat wenigstens einen echten Vorteil: Schweiß auf glatter Haut riecht weniger als auf haariger.

Nicht empfehlenswert: Tatoos auf ständig sichtbaren Hautflächen. Bevor Sie sich eines machen lassen – stellen Sie sich vor, Sie müssten das T-Shirt von der letzten Loveparade noch in zehn Jahren tragen. Täglich. Wollen Sie das?

Wussten Sie schon?
Alter ist kein Hässlichmacher. Auch wenn der Jugendwahn das Gegenteil behauptet. Alter ist nur eine Gewöhnungsfrage – an die eigene Vergänglichkeit.

Pickel niemals ausdrücken? Quatsch! Natürlich können sie sich entzünden, aber das muss wirklich nicht sein. Sie brauchen hinterher bloß eine desinfizierende Creme darüber zu streichen. Abgesehen davon gilt allen Warnungen zum Trotz: Nichts hilft schneller gegen einen lästigen Pickel als das schnelle Ausdrücken.

Baden Sie ruhig jeden Tag – wenn Ihnen das mehr Spaß macht als zu duschen. Mit pflegendem Badeschaum, denn der sorgt dafür, dass die Haut nicht austrocknet. Auch der preiswerte. Er riecht nur nicht so gut wie der teure, edler parfümierte.

Vertrauen Sie auf die »Blindheit« der Mitmenschen. Mal abgesehen vom Liebespartner kommt Ihnen kein Mensch so nahe wie Sie Ihrem Schminkspiegel. Andere sehen die kleinen Schönheitsfehler von Fältchen bis zum Pickel längst nicht so deutlich wie Sie. Fremde wissen auch nichts von Ihrem Idealbild. Sie betrachten Sie also längst nicht so kritisch wie Sie sich selbst. Das heißt: Mit einem freundlichen Lächeln machen Sie einen tieferen Eindruck als mit – zum Beispiel – einer makellos reinen Haut.

Lieben Sie sich und Ihren Anblick. Es hat keinen Zweck, ständig an sich herumzumäkeln. Machen Sie sich so schön Sie können – und finden Sie sich mit dem ab, was Ihnen nicht ideal erscheint. Zu übersehen und zu vergessen, was nicht zu ändern ist – das ist gelebte Simplicity.

Wohnen

Schaffen Sie sich Platz

Raum ist ja angeblich in der kleinsten Hütte, aber schon das Sprichwort sagt: Nur für Paare, die sich wirklich lieben. Für die meisten anderen Wohnungen gilt: Sie sitzen eher wie Jeans als wie Baggyhosen. Und wie jeder Jeansträger weiß, macht Enge das Leben nicht einfacher. Außerdem fragen Simplicity-Fans sich: Mag ich's lieber mit Stickerei oder klassisch elegant? Was empfiehlt sich fürs Wohnen?

Wer ungern Staub wischt, wählt moderne Klassik. Eine Einrichtung in schlichter Eleganz hat für Faule mehrere Vorteile, mal abgesehen davon, dass sich Staub lieber auf barocken Formen sammelt als auf Bauhaus-Design.

- Vorteil Nr. 1: Moderne Möbel im Geometric-Look sind »durchsichtiger« als Gelsenkirchener Barock. Sie nehmen, zumindest optisch, weniger Platz ein.
- Vorteil Nr. 2: Meist gebührt ihnen das Etikett »pflegeleicht«, weil für sie Plastik, Glas und Stahl verarbeitet wird statt empfindlicher Hölzer.
- Vorteil Nr. 3: Sie bieten üppigen Souvenirs aus eigenem Sammeleifer wunderbar neutrale Rahmen.

Sie leben lieber zwischen Schnörkeln als in schlichtem Shaker-Stil? Lassen Sie sich Raum zum Atmen, Spazierengehen, Gästebewirten. Je leerer eine Wohnung beim Einzug, umso größer die Chance, dass man sich dort jahrelang wohl fühlt.

Wussten Sie schon?

Kratzer auf dem Plexiglastisch werden von Simplicity-Frauen ebenso gelassen hingenommen wie Gebrauchsspuren an der alten Kapitänstruhe. Weil sie Lebensgeschichten erzählen: »Weißt du noch, damals, als wir diese wilde Party gefeiert haben ...«

Weiße Wände: gerade nicht aktuell, aber sehr pflegeleicht. Zugegeben: »Man« hat seit einigen Jahren Farbe an der Wohnzimmerwand. Pastelliges, das durch leichte Marmorierung Schatteneffekte hervorruft. Simplicity-Liebhaber bevorzugen jedoch Wände in Weiß, schmucklos wie Klosterzellen. Das erspart die Suche nach der »richtigen« Farbe und stört nie die Leuchtkraft bunter Bilder oder Sofabezüge. Nur Raucher sollten gleich einen Gelbton beimischen. Weiße Sauberkeit ist bei ihnen so kurzlebig wie beim Großstadtschnee.

Bestimmen Sie Ihr Lieblingszimmer. Wo halten Sie sich in Ihrer knappen Freizeit am liebsten und am längsten auf? Da brauchen Sie am meisten Platz, um sich ausbreiten zu können – in seine Einrichtung sollten Sie daher am meisten Geld stecken. Wer regelmäßig Küchenpartys feiert, weil alle Freunde sich gern vor dem Herd versammeln, stellt hier den schönsten Tisch hin und die bequemsten Stühle. Wer seine Freizeit auf den Computer konzentriert, wird dafür eine große Wohnzimmerecke »opfern«. Und wer Kinder hat, kann diesen Ratschlag übergehen. Bis sie sich mit der ersten Liebe freiwillig ins eigene Zimmer zurückziehen, betrachten sie die ganze Wohnung als ihren Spielplatz.

Wussten Sie schon?
Alle Mütter ärgern sich über unaufgeräumte Kinderzimmer. Simplicity-Frauen machen einfach die Kinderzimmertür zu.

Lassen Sie 1000 Blumen blühen! Wenn Sie keinen »grünen Daumen« besitzen nur in Form von Schnittblumen. Sie geben Ihrer Wohnung eine ganz persönliche Atmosphäre und zeigen Besuchern die jetzt so oft gewünschte Naturnähe. Und hören Sie schnell weg, wenn Blumenhändlerinnen oder Hobbygärtnerinnen Ihnen einreden wollen, dass Sonnenblumen (oder besser: ihre Stängel) vorm »Einstieg« in die Vase angekocht werden müssen, Tulpen täglich frisches Vasenwasser brauchen, wenn sie mit Narzissen zusammenstehen, oder Rosen keine direkte Sonnenbestrahlung vertragen. Stimmt alles, aber es verlängert die Lebenszeit der Blumen nach meiner Erfahrung nur unwesentlich. Wozu also die Arbeit?

Sie beneiden Ihre Freundinnen um ihre »blühenden« Fensterbänke? Bedenken Sie – bevor Sie das erste Fleißige Lieschen oder einen Bonsai-Ahorn kaufen – ob Sie wirklich Lust aufs tägliche Gießen haben, aufs Umtopfen und Beschneiden. Pflanzen machen Ihre Wohnung schöner, Ihr Leben aber nicht simpler.

Nicht empfehlenswert: ein Garten. Mit vielen Blumenbeeten, deren Bestand regelmäßig erneuert, gepflegt, beschnitten, gegossen, gedüngt und von Unkraut befreit werden muss. Natürlich ist ein solcher Garten schön, wenn ständig neue Blumen blühen, der Rasen saftig grün leuchtet, alle Schnecken, Maulwürfe und Blattläuse ökologisch korrekt entfernt werden. Der Nachteil: Gärten, auch kleine, sind Arbeitsbeschaffungsmaßnahmen für meist sowieso überbeschäftigte Mütter. Außer sie betrachten Gartenarbeit als entspannendes Hobby.

Wer's nicht tut, braucht Gärten (oder Balkons), die sich weitestgehend selbst pflegen. Das heißt: eine Fläche mit Wiese, Büschen oder Topfpflanzen, die vom Besitzer nicht mehr wollen als Wasser in Trockenzeiten. Fragen Sie im Gartencenter gezielt danach. So etwas gibt's: Rhododendren sind zum Beispiel sehr pflegeleicht, Kletterpflanzen wie Wein, Glyzinien oder Efeu, mehrjährige Sommerblüten und einfache Rosen ebenfalls.

Wussten Sie schon?

Kirsch-, Apfel oder Pfirsichbäume wachsen auch in Kübeln auf dem Balkon. Im Miniformat, aber mit reichlich Früchten. Im Gegensatz zu Geranien machen sie kaum Arbeit.

Eine Lampenform genügt. Wenn die Wohnung klein ist, empfiehlt sich die Beschränkung auf eine Lampenform für Steh- und Deckenleuchten. Wenn überall nur Kugeliges hängt und steht, alles im Tiffanystil leuchtet oder von Schlafzimmer bis Küche nur Neonröhren Licht geben, bekommt die Wohnung einen einheitlichen Stil. Ihren. Ohne deswegen langweilig zu wirken.

Verzichten Sie auf Deckenlampen – außer vielleicht in Küche, Bad und Flur. Harte Beleuchtung von oben tut selbst den schönsten Möbeln nicht gut. Gemütliche Lichteffekte bekommt nur, wer Helligkeitsinseln schafft. Mit Steh- oder niedrigen Wandlampen.

Platz für das beste Stück. Gönnen Sie Ihrem kostbarsten Möbel so viel Raum wie einem guten Bild. Dem alten Bauernschrank, der ererbten Barockkommode, dem Biedermeier-Ohrensessel vom Flohmarkt. So etwas verdient eine ganze Wand als Hintergrund. Erst dann wirkt es wirklich edel. Und erst dann »beißt« es sich nicht mit Möbeln aus ganz anderen Stilepochen.

Wussten Sie schon?
Nichts stört die Kreativität und Arbeitslust nachweisbar mehr als schlechte Beleuchtung. Bestehen Sie im Beruf auf eine eigene Schreibtischlampe (wenn mir meine Arbeitgeber eine verweigerten, habe ich sie selbst gekauft. Es lohnt sich!) und gönnen Sie sich zu Hause eine, die Sie immer gern anschauen und die Ihnen mindestens 100 Watt zum Arbeiten oder Lesen bietet.

Nicht empfehlenswert: dem ausgegebenen Geld nachtrauern. Das ist es nämlich, was uns am meisten am Ausräumen, Platzschaffen, Wegwerfen stört – der Ärger über das gute Geld, das wir einst für das heute überflüssige Stück bezahlt haben. Für den viel zu selten benutzten Hometrainer, für die auch nicht häufiger verwendete Brotbackmaschine.

Aber: Oft nehmen Trimmgeräte oder Küchenmaschinen nur noch Platz weg, statt unser Leben zu erleichtern, uns zu erfreuen. Wenn sie ein Jahr lang nicht mehr benutzt wurden, ist es Zeit sie zu verkaufen oder zu verschenken. Das aber geht nur, wenn wir den Gedanken an den teuren und umsonst bezahlten Ursprungspreis nach dem Motto »Weg mit Schaden« behandeln. Ohne Selbstvorwürfe. Und daraus lernen. Zum Beispiel dass wir trotz aller Mahnungen nicht vom Faultier zum Fitnessfreak mutieren werden und komplizierte Küchengeräte hassen. Weil der mit ihnen produzierte Genuss viel einfacher fertig zu kaufen ist.

Wussten Sie schon?
Die Hersteller von Hometrainern schätzen, dass sie mehr als zwei Drittel ihres Umsatzes mit Geräten machen, die nach drei Monaten nur noch von Spinnen benutzt werden.

Kaufen Sie sich einen Küchenstuhl. Die meisten modernen Küchen sind klein, aber diese Anschaffung lohnt sich. Weder Kartoffeln noch Spargel müssen im Stehen geschält werden. Wie sagte schon der alte Henry Ford, der Erfinder des Fließbandes? »Wenn du alt werden willst, stehe nie, wenn du sitzen kannst, sitze nie, wenn du liegen kannst.« Er wurde immerhin fast 87.

Der Trick mit den Fleischerhaken. Auch in der Küche gilt das Gesetz: Freie Flächen füllen sich fix – und bald sind alle Schubladen, Schränke und Tischflächen voll.

Einfacher: Leisten mit vielen Fleischerhaken an die Wand! Alles daran aufhängen, was gehängt werden kann. Von der Pfanne mit Loch im Griff bis zu Kochlöffeln und Küchentüchern. Daneben kommt ein Magnetband für die Messer. Das schafft schnell Platz.

Brauchen Sie wirklich Geschirr für Zwölf? Die meisten brauchen's so selten wie zwanzig Sockenpaare, von denen fünf Löcher haben. Oder zehn Vasen, von denen doch nur die immer gleichen drei benützt werden. Für die normale Kleinfamilie ohne Geschirrspüler reichen Vierersets, mit Geschirrspüler braucht man für jeden Tag eines (damit die Maschine nicht immer halb leer laufen muss). Und für Gäste? Da geht man zur Freundin oder zur Nachbarin und bittet um Leihgaben.

Wussten Sie schon?
Der neueste Trend bei besonders feinen Abendeinladungen zum Essen: ein Tisch mit unterschiedlichen Tellern und Schüsseln. Je bunter, desto besser. Oder alles in schlicht Weiß. Aber auch aus verschiedenen Servicen.

Stellen Sie den Kühlschrank hoch, wenn Sie sich mal neu einrichten. Auf Augenhöhe, damit Sie sich nicht ständig bücken müssen, um Butter, Eier oder den kalten Orangensaft herauszuholen. Das entlastet Ihr Rückgrat.

Wussten Sie schon?
Der wichtigste Unterschied zwischen Millionärswohnungen und unseren Normalbehausungen ist – Platz. Je mehr Platz Sie sich in Ihrer Wohnung lassen, umso großzügiger wirkt sie.

Nicht empfehlenswert: kaputte Technik aufheben. Nicht Funktionierendes, was nach einem halben Jahr immer noch nicht zum Reparaturservice gebracht oder vom technisch begabten Partner funktionsfähig gemacht wurde, kann weggeschmissen werden. Wenn Sie in den vergangenen sechs Monaten darauf verzichten konnten, dann auch für immer. Zusammengebrochene Computer, nur halb reparierte Fahrräder oder durchgebrannte Küchengeräte sind lästige Staubsammler und deshalb Platzverschwendung.

Ordnen Sie CDs, DVDs oder Bücher nach dem Alphabet. Oder nach Sachgruppen, aber ordnen Sie sie, sobald es mehr als 20 sind. Und – ja, wirklich! – gewöhnen Sie sich an, CDs, DVDs und

Videos nach dem Abspielen gleich wieder in die Hüllen zu stecken. Und Bücher zurück ins Regal. Der Minizeitaufwand erspart auf Dauer Maxisuchärger. Sie kennen den Spruch: »Nur Kleingeister sind ordentlich, das Genie überblickt das Chaos?« Halten Sie sich NICHT daran. Einfacher wird das Leben nur, wenn wir beim Wegräumen so diszipliniert sind wie Spinnen beim Netzbau.

Sparen Sie an der Bettwäsche. Nicht am einzelnen Bezug oder am Laken. Reines Leinen oder – wenn Sie Seidiges mögen – glatter Satin wecken alle Wellness-Hormone, aber:

Mehr als drei Sets machen das Leben weder leichter noch schöner. Sie belegen nur Schrankraum. Und erkranken aus Trauer über ihr nutzloses Dasein am Gilb. Wer einmal pro Woche in frischer Bettwäsche schlafen will, braucht drei Garnituren – eine auf dem Bett, eine im Warteraum auf Waschen und Bügeln und eine für den Notfall – falls Sie mal keine Lust auf Waschen und Bügeln haben.

Übrigens: Seit ich mir Bettwäsche aus reinem Leinen gegönnt habe, bügle ich gar nicht mehr. Sie wird im Trockner fast glatt. Die Restfältchen nehme ich als Ausgleich fürs »Nicht-bügeln-müssen« in Kauf.

Noch mal übrigens: Luxuriöse Seiden- oder Satinbettwäsche ist nichts für Simplicity-Sucher. Man sieht jeden Fleck (auch beispielsweise von abends aufgetragener Bräunungscreme) und beim Waschen gehen keineswegs alle wieder raus. Kunstfasern machen Seidenglanz heute perfekt nach und sind sehr viel pflegeleichter.

Nicht empfehlenswert: Großinvestitionen in die erste Wohnung. Ist doch klar, jeder von uns weiß mit 20 perfekt, was guter und was mieser Geschmack ist, aber die Erfahrung zeigt: Nach fünf bis zehn Jahren sieht die Ersteinrichtung ziemlich vorgestrig aus. Deshalb meine Empfehlung für Vereinfacher: Erst mal Billiges kaufen. In aktuellen Farben und Formen. Und wenn es an eine »richtige« Wohnung geht, zum Beispiel mit Partner, dann auch richtig investieren. In anständige Möbel, die nach zehn Jahren noch gut aussehen werden.

Wussten Sie schon?
Jugendtrends sind noch schneller wieder »out« als sie zum »In« wurden. Deshalb lohnt sich ihre Befolgung nur für Jugendzimmer. Ohne viel Geld dafür auszugeben! Spätestens wenn die groß gewordenen »Kleinen« ausziehen, wollen sie sich ganz anders einrichten

Wohnen im Partnerlook? Besser: jedem »sein« Zimmer. Wenn zwei zusammenziehen, bringt jeder was mit. Sein privates Stilempfinden wie seine Lieblingsstücke aus der früheren Wohnung. Das ergibt keineswegs immer einen guten Cocktail.

Partnerschaftskünstler streiten sich nicht – sie wissen: Stilvorlieben stammen tief aus der Kindheit und sind allenfalls in geduldiger Erziehungsarbeit zu ändern. Deshalb sollte jeder ein Zimmer nach seinem Geschmack (und mit seinen Möbeln) einrichten dürfen – er zum Beispiel das Schlafzimmer, sie das gemeinsame Arbeitszimmer, beide das Wohnzimmer. Eine gute Portion Kompromissfähigkeit vermittelt dann sogar zwischen Glas & Chrom-Geometrie und Dunkelholz & Schnörkeln.

Wussten Sie schon?
Der innenarchitektonische Zeitgeist liebt Supermodernes, auch aktuelle Kunst, neben Stilmöbeln.

Nicht (immer) empfehlenswert: das eigene Haus. Schon die Bauphase kostet den letzten Nerv, da noch kein Haus wirklich pünktlich fertig geworden ist. Weil die Bauherren immer neue Wünsche anmelden oder weil die Handwerker nicht spuren.

Aber auch fertig gekauft hat das Eigenheim für Simplicity-Sucher einen Nachteil: Es fesselt sie an einen bestimmten Platz. Auch wenn sie eines Tages entdecken: Karriere kann ich nicht in Buxtehude machen, sondern nur in Peking. Oder statt Finanzbeamtin in Bonn möchte ich lieber Fitnesstrainerin auf Fuerteventura werden.

Und außerdem: Beim eigenen Haus sind Sie selbst für alle Reparaturen zuständig. In der gemieteten Wohnung muss sich der Hauswirt kümmern, wenn's reinregnet oder der Mörtel bröckelt.

Vor dem Hausbau kommt die Ehrlichkeit. »Häuslebauen«, sagen die Psychologen, »ist für eine Partnerschaft so belastend wie das erste Kind.« Oder ein entdeckter Seitensprung. Weil bei den Entscheidungen über Grundstück, Architektur und Kosten so viele Gefühle mitspielen. Sie müssen ausgesprochen werden, wenn der Hausbau nicht zur Scheidung führen soll. Will er einen Keller für sein Hobby, sie vielleicht ein Zimmer ganz für sich allein? Träumt er vom freien Ausblick auf Wald und Wiese, sie von kurzen Wegen zu Schule und Supermarkt?

Simplicity-Experten machen sich vorher das Leben schwer, um es sich während der Bauphase und hinterher leicht machen zu können. Sie schreiben Wunschtraumlisten, streichen sie gemeinsam zusammen aufs Realisierbare, einigen sich auf klare Kompromisse nach dem Motto: Was dir dein kuscheliges Rückzugszimmer im Norden ist für mich ein Arbeitsraum mit viel Sonne. Zum Beispiel. Und erst dann beginnen sie mit der Suche nach einem Grundstück und einem Architekten.

Sie ziehen um? Kaufen Sie sich kleinere Schränke. Nicht größere! Weil sie sich mit ebenso viel Überflüssigem füllen werden wie die alten.

Es gibt keine bessere Gelegenheit zur Lebensvereinfachung als Umzüge. Wer dafür gründlich ausmistet, sich von allem Ballast der frühen Jahre befreit, sollte gleich dafür sorgen, dass sich neuer Überfluss gar nicht erst ansammelt. Durch die Beschränkung des Schrank-, Regal- und Abstellkammerraumes, in den er sich gern zurückzieht, sobald seine Haltbarkeitsdauer (die Zeit, in der er Spaß macht) überschritten ist.

Wusssten Sie schon?

Der neueste Wohntrend bietet »Möbel für Nomaden«. Schränke, Tische, Regale, die leicht auseinander und woanders wieder zusammenzubauen sind. Damit die globalen Karriere-Jetsetter zum Umzug keine Großcontainer mehr brauchen.

Je kleiner die Wohnung, umso größer die Spiegel. Sie verdoppeln die Raumoptik, liefern auch für die 30-Quadratmeter-Wohnung weite Blicke. Außerdem halten sie alle netten Feng-Shui-Geister fest, wenn sie gleich beim Türöffnen den Blick auffangen.

Gönnen Sie sich eine Katze. Für viel Geld einen rassigen Siamesen oder für ein paar Spendeneuro eine Straßenkatze aus dem Tierheim. Da sie bis zu 23 Stunden am Tag schlafen, sind Katzen die Quintessenz der lebendigen Pflegeleichtigkeit – und sie kommen angeschnurrt, sobald ihr Gastgeber Trost braucht. Oder einen Bauchwärmer.

Muss ich noch dazu sagen, dass Hunde für Simplicity-Fans so wenig empfehlenswert sind wie Wellensittiche oder schleierschwänzige Buntfische? Sie alle kosten Zeit und Arbeit. Sind Sie bereit, beides ihrer Pflege zu opfern?

Wussten Sie schon?

Die wichtigste Regel des Feng Shui: freier Fluss für die Lebensenergie Chi. Also: nichts rumliegen lassen. Sagte nicht Mutter schon: »Räum deine Schultasche gleich weg, statt sie einfach fallen zu lassen!?«

Nicht empfehlenswert: weiße Teppiche. Und schwarze! Beide fordern Aufmerksamkeit. Auf den hellen sieht man jeden Schmutzfleck, auf den dunklen jeden Flusen. Wollen Sie wirklich ständig vor der Wohnung die Schuhe ausziehen, mit Putzmitteln oder Staubsauger hantieren?

Nicht empfehlenswert: Kinder. Zumindest nicht, wenn Ihnen Ihre Möbel lieber sind als junge Menschen. Ob Dreijährige die Schärfe von Papis Schraubenzieher am Schleiflackschrank ausprobieren oder Teenies ihre ersten Partys feiern – Kinder besitzen kein Gespür für Wohnwerte. Sie wollen spielen, toben, sich ausprobieren. Ohne Rücksicht auf die ästhetischen Prinzipien der Erwachsenen.

Wer Pokémon-Figuren zwischen seinen CDs so hässlich findet wie Mickey-Mouse-Aufkleber an der Klotür, muss auf Kinder verzichten.

Hängen Sie die Türen aus! Außer für Toilette, Bad und Schlafzimmer brauchen Sie die wirklich nicht. Sie nehmen nur Platz weg, sind immer dann geschlossen, wenn man keine Hand zum Öffnen frei hat, fallen krachend zu, wenn man Ruhe braucht, verschmutzen. Im Keller oder auf dem Dachboden (von Plastikplanen gegen Zufallskratzer und Staub geschützt) sind sie viel besser aufgehoben.

Die nackten Türangeln stören Ihren Sinn für Ästhetik? Dann lassen Sie Ihre Türen wenigstens offen stehen. Selbst Großwohnungen wirken einladender, wenn das Licht nirgendwo durch Türen aufgehalten wird. Mini-Appartements erst recht.

Wussten Sie schon?
Möbel brauchen viel weniger Pflege, als Pflegemittelproduzenten behaupten. Für die meisten genügt abstauben! Jahrelang.

Fußbodenheizung ist das Größte! Simplicity-Profis lieben sie. Einmal weil kein Heizkörper die Wohnungsschönheit stört, besonders aber weil keiner Dreck fängt und geputzt werden will.

Welche Wohnwünsche haben Sie? Nehmen Sie sich doch mal Zeit, sie aufzuschreiben. Zumindest wenn Sie sich in Ihren Räumen nicht wohl fühlen. Dann wissen Sie, was Sie sich beim nächsten Umzug suchen müssen.

Horter und Sammler träumen vom Stauraum für ihre Schätze, Simplicity-Sucher von viel freier Fläche. Einer wird ohne Licht und Sonne krank, andere lieben Höhlen mehr als Helligkeit. Viele sehnen sich nach Natur, wenigstens auf dem eigenen Balkon, anderen genügt der Gummibaum im Büro. Je klarer wir unsere Wohnträume definieren, umso leichter kann man sich bei der Wohnungssuche auf die Besichtigung von Passendem beschränken – und entscheiden.

Wussten Sie schon?
Total im Trend ist wieder das, was vor Jahrzehnten »Wohnküche« hieß. Der aktuelle Architektenausdruck dafür: »Kommunikationszentrum Küche«, weil sich hier die Familie trifft und mit Freunden feiert.

Das hohe Lied auf die Putzfrau. Wenn Sie sich eine leisten können – tun Sie es unbedingt. Außer Staubsaugen, Küche oder Bad putzen und Bettenmachen ist Ihr liebster Zeitvertreib, aber das kann ich mir nicht vorstellen. Für mich gibt es nichts Langweiligeres als Arbeit, die sich ständig wiederholt. Deshalb liebe ich meine Putzfrau. Einmal pro Woche – in finanziell miesen Zeiten wenigstens einmal im Monat – sieht meine Wohnung aus wie neu. Vom sauberen Fenster bis zum flusenlosen Boden. Wunderbar! Und großen Dank an das fleißige Lieschen, das dafür sorgt.

Sie hassen wie ich die Hausarbeit, können sich aber keine Putzfrau leisten? Wenn Sie sich das Leben wirklich einfacher machen wollen, sollten Sie woanders sparen. Ich verzichte lieber auf neue Outfits, neue CDs oder neue Computer-Software und investiere das Geld stattdessen in meinen dienstbaren Geist – und meine Partner habe ich auch immer dazu gezwungen. Weil sie den Küchenboden so ungern schrubbten wie ich. Also mussten sie ihren Arbeitsanteil in Geld abzahlen. Für eine Putzfrau. Wenn ich ihnen erklärte, dass wir damit reichlich Streit vermeiden und Zeit für die Liebe gewinnen würden, taten sie's gern.

Nicht empfehlenswert: unversiegeltes Parkett. Außer Sie gehen zu Hause immer barfuß. Natürlich sieht Naturholz edler aus als Versiegelungsglanz, doch es verlangt unendlich viel Pflege.

Nicht empfehlenswert: dunkle Kacheln in Bad und Küche. Sie wirken höchst elegant. In Schwarz oder Nachthimmelblau. Raffiniert! Wer jedoch Simplicity sucht, braucht entweder Putzpersonal – täglich! – oder neue, helle Kacheln, denn auf den dunklen sieht jeder Wassertropfen wie Schmutz aus.

Gönnen Sie sich einen Fensterputzer! Nicht nur weil so viele Haushaltsunfälle beim Fensterputzen passieren, sondern auch weil diese Putzprofis zu den fundamentalen Lebensvereinfachern gehören. Weil sie nicht nur Ihre Zeit sparen, sondern Ihnen auch eine (für die meisten) große Lästigkeit abnehmen.

Sparen Sie Energie. Die aus der Steckdose und Ihre eigene. Durch Sparbirnen. Sie kosten zwar auf Anhieb mehr, aber nach dem Einschrauben in die Lampenfassung können Sie die Birnen für Jahre vergessen. Sie halten und halten und halten …

Wussten Sie schon?

Männer haben im Durchschnitt die größere Schmutztoleranz. Wenn Ihrem Partner nicht auffällt, dass die Fenster mal wieder geputzt werden müssten – warum machen Sie sich dann die Arbeit? Statt mit ihm im Stadtpark Frisbee zu spielen?

Wie würde Schwiegermutter Ihre Wohnung sehen? Nehmen wir mal an – ziemlich kritisch. Schauen Sie die Zimmer ausnahmsweise genau so an. Wo liegt zu viel rum? Welche Möbel sehen nach jahrelangem Gebrauch aus wie vom Sperrmüll? Gefallen Ihnen Ihre Vorhänge noch? Und der Teppich?

Wer seine Wohnung so genau in Augenschein nimmt, als ob er nur zu Besuch da wäre, entdeckt alle Schönheitsstörer – und kann sie Stück für Stück beseitigen. Damit die Zimmer wieder Freude machen, statt unter dem Gewohnheitsblick zu vergilben.

Wusstenw Sie schon?

Ein wirklich schöner Teppich verstrahlt seinen Glanz auch auf billige Möbel und macht das ganze Zimmer »wertvoller«.

ZEIT

Wer trödelt, gewinnt

Wurden Sie in Ihrer Kindheit auch ermahnt: »Trödle nicht so herum.« Nein? Den Spruch »Zeit ist kostbar« kennen Sie aber sicher. Vergessen Sie beide. Simplicity-Sucher nehmen sich die Zeit, die sie brauchen. Zum Leben, zum Arbeiten, zum Genießen. Das ist leichter, als Sie vielleicht meinen. Sie müssen nur überprüfen, ob das, was heute Ihre Zeit frisst, Sie wirklich glücklich macht. Tut es nicht? Warum machen Sie es dann?

Nicht empfehlenswert: Schnäppchenjagd. Außer sie ist Ihr Hobby und jeder gesparte Euro macht Sie glücklich. Simplicity-Fans verzichten darauf, denn sie wissen: Die Suche nach Sparmöglichkeiten, Fahrten zu Factory-Outlets und Ausverkäufen, Preisvergleiche in Internet, Zeitungsanzeigen und Geschäften kosten sehr viel Zeit. Lebenskünstler verwenden die lieber – zum Leben.

Nicht empfehlenswert: ständig sparen. Es kostet verdammt viel Zeit, die man auch zum Faulenzen oder Genießen verwenden kann. Berichte über reiche Menschen zeigen es: Sie geizen nicht nur mit der Ausgabe von jedem Cent, sie verwenden auch viel Zeit darauf, um ihn gar nicht ausgeben zu müssen.

Ich kenne Superreiche, die ihre Wohnung vor dem Weggehen dreimal kontrollieren, ob auch jedes Licht, jedes Stand-by an Fernseher, Computer oder Mikrowelle ausgeschaltet ist. Sie benutzen Teebeutel zweimal, duschen im Dunkeln, um Licht zu sparen, und stopfen Socken so lange selbst, bis sie wirklich auseinander fallen. Angeblich gibt es sogar Menschen, die drücken eine neue Klorolle platt. Weil sie dann schwerer abzurollen ist und deshalb weniger Papier verbraucht wird.

Lohnt sich das?

Wussten Sie schon?

Zeitsparen gilt heute als direkter Weg zum Herzinfarkt. Weil so viele Leute die Zeit am Faulsein einsparen zu Gunsten von Arbeit, Ehrgeiz, In-Sein. Simplicity-Sucher nehmen sich die Zeit, die sie für die Erholung brauchen. Spätestens mit 40.

Kommen Sie zu früh! Ja, ich weiß, das gilt als so unhöflich, wie »Zuspätkommen«, und ich hab's auch nur hingeschrieben, weil es so schön knackig klingt.

Was ich meine: Gehen Sie immer etwas früher aus dem Haus als unbedingt notwendig. Sogar, wenn Sie dafür eine halbe Stunde früher aufstehen müssen. Das lohnt sich, weil es den Anstieg des Stresspegels im Stau, bei der Suche nach einem Parkplatz, die Hetze auf Bahnhöfen oder im Flughafen verhindert. Atemlos zu einer wichtigen Besprechung zu kommen, ist weit unangenehmer, als vorher noch mal um den Block zu wandern und seine Argumente zu ordnen, weil man zehn Minuten zu früh da ist.

Wussten Sie schon?

Der Trick beim Diagonal- oder Schnelllesen besteht aus dem Überspringen von allem, was Sie schon wissen. Probieren Sie es aus. Sie werden sehen: Sie wissen viel mehr, als Sie vorher glaubten.

Das beste Zeitgeschenk der neuen Technik: die Mailbox. Ja, früher gab's auch schon Anrufbeantworter, aber die mussten extra und teuer bezahlt werden. Heute hat jedes Handy eine Mailbox, die Nachrichten an Sie hütet wie eine gute Sekretärin. Statussucher und Wichtigtuer beschäftigen sie selten, Zeitgenießer ständig. Sie schalten um von Dauererreichbarkeit auf Zeitsparen – und das Handy ab.

Dehnen Sie Ihre Zeit. Lange vor Einsteins Entdeckung der Relativität wusste jeder kluge Mensch: Interessant verbrachte Zeit fliegt mit Lichtgeschwindigkeit. Durch unendlich viel Raum. Wer sich langweilt, verlangsamt Zeit zum Schneckentempo. Sie staut sich vor dem nächsten Uhrzeigerruck und weigert sich, vom Jetzt ins Gleich zu fließen.

Die Schlussfolgerung daraus für Vereinfacher: Konzentration auf Zeitdiebe – um sie entweder ein für alle Mal zu eliminieren (Beschäftigungen, die man nur ausübt, weil man sie schon immer ausgeübt hat) oder so schnell wie möglich wegzuschaffen (Routineaufgaben, die nicht zu vermeiden sind).

Buddhisten kennen noch eine dritte Möglichkeit: Sie konzentrieren sich auch auf Lästigkeiten des Lebens – vom Staustehen über Staubsaugen bis zum Aktenablegen –, als ob es Glückszeiten wären. Sie sind fest davon überzeugt: Man kann sogar beim Kartoffelschälen erleuchtet werden.

Gehen Sie langsam, wenn Sie's eilig haben. Zugegeben, diesen Uraltspruch finde ich spießig. Leider stimmt er trotzdem. Wann immer ich mich hetze, geht irgendetwas schief. Wenn ich aber daran denke, kurz auf Stopp zu schalten, gründlich nachzudenken – und im Auto alle Geschwindigkeitsbegrenzungen einzuhalten! – erreiche ich mein Ziel. Nicht schneller, aber ohne zusätzlichen Stress.

Brauchen Sie ein Vorbild für diese Einstellung? Schauen Sie sich Bergsteigerfilme an. Dann sehen Sie: Nur wer ein großes Hindernis langsam angeht, erreicht den Gipfel.

Wussten Sie schon?
Wenn Sie statt Schuhe mit Schnürsenkeln welche zum Reinschlüpfen tragen, können Sie im Jahr rund zwei Stunden Zeit sparen, die Sie sonst fürs Zu- und Aufschnüren »verdüddeln«.

Glauben Sie an Ihren Biorhythmus. Sie müssen sich dafür keine komplizierten Kurven ausrechnen lassen. Beobachten Sie sich eine Woche aufmerksam, dann wissen Sie, wann im Lauf eines Tages Sie sich regelmäßig besonders fit fühlen und wann Sie müde sind. Teilen Sie Ihre Arbeit danach ein – Neues und Wichtiges für die Hochenergiephasen, Routine für die anderen.

Ein Hoch auf die Servicegesellschaft! Angeblich tun sich Mitteleuropäer ja schwer damit, aber es gibt doch reichlich Angebote, die beim Zeitsparen von Lästigem helfen. Sie reichen von der Putzkolonne bis zum persönlichen Fitnesstrainer oder Masseur, der in die Wohnung kommt, vom Interneteinkauf bis zur Boutique-Verkäuferin, die Sie anruft, wenn neue Ware in Ihrem Stil reingekommen ist. Für Zeitsparer und Simplicity-Trainees sind sie oft ihren Preis wert.

Wussten Sie schon?
Für ein kleines Kind ist es wichtiger, dass seine Mutter sich zwei Stunden pro Tag konzentriert mit ihm beschäftigt, als es den ganzen Tag sozusagen nebenbei zu beaufsichtigen.

Weg mit den »Zeitdieben«. Wehren Sie sich – wenn jemand »nur auf ein Schwätzchen« vorbeikommt oder anruft, wenn von Ihnen »mehr Ordnung« verlangt wird, obwohl Sie jeden Termin einhalten, wenn Sie sich selbst an Rituale halten, die überflüssig sind (beispielsweise einmal pro Monat die Haustreppe putzen, obwohl sie noch total sauber aussieht).

Beobachten Sie andere und sich selbst nur eine Woche lang genau – Sie werden schnell feststellen, wer Ihnen Zeitfallen stellt. Durch ein souveränes »Nein« oder »jetzt nicht« horten Sie genug Zeit, um sie ganz nach Lust zu verschwenden.

Wussten Sie schon?
Schon Blaise Pascal, ein französischer Philosoph und Mathematiker aus dem 17. Jahrhundert, sagte:
»Alles Unglück kommt daher, dass der Mensch nicht in seinem Zimmer bleiben kann.«

Zeit liegt überall herum, Sie müssen Sie sich nur nehmen. Durch Abwägen der Wichtigkeiten. Muss das Geschirr wirklich gleich weggeräumt werden, obwohl draußen die Sonne lockt? Kann die Post nicht einen Tag liegen bleiben, weil die Terminaufgabe wichtiger ist? Muss die alte Mutter jeden Sonntag angerufen werden? Braucht Ihr Sohn Sie wirklich immer noch als Chauffeurin, um morgens zur Schule zu kommen? Könnte Ihr Partner seinen abgerissenen Knopf nicht selbst annähen? Oder für Sie einkaufen gehen?

Wenn Sie bedenken, dass die Devise »Tempo, Tempo« noch mehr Zivilisationskrankheiten verursacht als falsches Essen und dass Zeit keine begrenzte Ressource, sondern ein Lebensangebot ist, brauchen Sie sie nicht mehr bis zur letzten Sekunde auszunützen.

Wussten Sie schon?
Der Mensch verschläft ein Drittel seines Lebens. Trotzdem ist Schlafzeit die einzige, die Simplicity-Frauen nie einsparen, weil dann die restlichen zwei Drittel Lebenszeit zu schwierig werden.

Stellen Sie Ihre Uhr zehn Minuten vor, wenn Sie Schwierigkeiten mit dem Rechtzeitigfertigwerden haben. Den Wecker ebenso wie die Armbanduhr. Damit kann man den eigenen Geist erstaunlich gut beeinflussen. Er ist ja daran gewöhnt, an die Zeit zu glauben, die ihm die Uhr zeigt – also stellt er sich darauf ein. Und Sie gewinnen zehn Minuten. Seit mein Wecker morgens eine halbe Stunde zu früh klingelt, musste ich morgens nie mehr hetzen.

Claudia Leins

Glück fürs ganze Jahr

155 Seiten. Serie Piper

Der Neujahrsspaziergang im glitzernden Schnee, wieder erwachende Frühlingsgefühle und der erste Biß in noch warmes Ostergebäck, der Duft reifer Erdbeeren, die träge Glückseligkeit eines Sommertages, Grillabende unterm Sternenhimmel und Herbststimmung mit leuchtend buntem Laub – das Glück hat viele Gesichter, Farben und Gerüche. Claudia Leins öffnet uns die Augen für die kleinen Glücksmomente und die Magie des Alltags. Sie lädt ein, jeden Monat bewußt zu erleben und zu feiern. Ein Lesegenuß für alle Sinne, bei dem einem ganz warm ums Herz wird.

»In jeder Minute, die du im Ärger verbringst, versäumst du sechzig glückliche Sekunden deines Lebens.«
Albert Schweitzer

05/1380/01/L

Paul Watzlawick

Anleitung zum Unglücklichsein

132 Seiten. Serie Piper

Paul Watzlawicks »Anleitung zum Unglücklichsein« ist zum Kultbuch geworden. Die Geschichten, mit denen der Autor seine Leser zum Unglücklichsein anleitet – etwa die mit dem verscheuchten Elefanten –, sind inzwischen Allgemeingut. Man kann Paul Watzlawicks Buch mit einem lachenden und einem weinenden Auge lesen. Jeder Leser dürfte etwas von sich selbst in diesem Buch wiederfinden – nämlich seine eigene Art und Weise, den Alltag unerträglich und das Triviale enorm zu machen.

»Eine amüsante Lektüre für Leute, die dazu neigen, sich das Leben schwer zu machen – ohne zu wissen, wie sie das eigentlich anstellen. Ein Lesevergnügen mit paradoxem Effekt. Das Nichtbefolgen der ›Anleitung zum Unglücklichsein‹ ist die Voraussetzung dafür, glücklich sein zu können.«
Brigitte

05/1238/02/R

Renate Daimler

Lust auf 50

Frauen am Wendepunkt.
271 Seiten. Serie Piper

Lust auf 50 oder Frust mit 50? In ihrem Buch schildert Renate Daimler ihre Erfahrungen und die vieler anderer Frauen mit dem Älterwerden. Sie erzählt von witzigen und traurigen Begebenheiten und beschreibt verschiedene Etappen von der Verleugnung des Älterwerdens bis zur Lust auf 50. Denn genau dann werden Frauen von der Gesellschaft zum Auslaufmodell erklärt, weil sie den wichtigsten Kriterien des Frauenideals nicht mehr entsprechen: jung, fruchtbar und schön. Renate Daimlers Fazit: Die Wechseljahre sind keine Krankheit! Sie schildert Frauen, die zu ihren Schwächen und Widersprüchen stehen und lernen, die neu gewonnene innere Ruhe, die Neugier auf den Rest des Lebens, die Lust an der eigenen Kreativität zu genießen. Ein Buch, das Mut macht.

05/1198/01/L

Julie Tilsner

Fünf vor Dreißig

Es gibt ein Leben nach dem 30. Geburtstag. Aus dem Amerikanischen von Eva Dempewolf. 256 Seiten. Serie Piper

Über dreißig zu sein ist nicht mal halb so schlimm wie befürchtet. Denn jetzt läßt sich frau von den Männern nichts mehr vormachen, kann ein komplettes Menü zaubern, in dem keine Spaghetti vorkommen – und kann sich das sogar leisten. Beruflich hat sie sich endgültig unentbehrlich gemacht, und obwohl sie weiß, daß sie nie mehr die Figur eines Supermodels haben wird, fühlt sie sich besser als je zuvor! In ihrem humorvollen und nicht immer ganz ernstgemeinten Ratgeber gibt Julie Tilsner die wichtigsten und originellsten Tips, wie man den dreißigsten Geburtstag glücklich übersteht und das Leben danach so richtig genießt.

05/1374/01/R

Ellen Fein und Sherrie Schneider

Die neue Kunst, den Mann fürs Leben zu finden

»The Rules II«. Aus dem Amerikanischen von Ursula Buntspecht. 233 Seiten. Serie Piper

Auf in die zweite Runde! Nach dem Sensationserfolg ihres Buches »Die Kunst, den Mann fürs Leben zu finden« bieten Ellen Fein und Sherrie Schneider einen neuen Katalog mit Tips und tieferen Einsichten, damit auch Sie ihn endlich bekommen: den Mann fürs Leben. Jede Menge Singles laufen heutzutage herum, es wäre doch gelacht, wenn da nicht einer für Sie dabei ist. Nur müssen Sie es richtig machen. Wie hole ich meinen langjährigen besten Freund vor den Traualtar? Wie bekomme ich meinen Ex zurück? Was mache ich aus der Büroaffäre? Was, wenn er geschieden ist und Kinder hat? Was, wenn er reich ist und mich zu einem luxuriösen Wochenende einlädt? Unverblümt und offen stehen Ellen Fein und Sherrie Schneider mit Rat und Tat zur Seite.

05/1506/01/L

Deborah Tannen

Warum sagen Sie nicht, was Sie meinen?

Jobtalk – wie Sie lernen, am Arbeitsplatz miteinander zu reden. Aus dem Amerikanischen von Maren Klostermann und Michael Benthack. 447 Seiten. Serie Piper

Sie haben ein Gespräch mit Ihrem Vorgesetzten geführt und konnten Ihren Standpunkt nicht überzeugend vertreten? Sie haben als Chefin den Abschlußbericht eines Angestellten gelesen, wissen aber nicht, wie Sie Ihre Kritik am besten verpacken sollen? Oder sind die Gehaltsverhandlungen für Sie wieder einmal mehr als unbefriedigend verlaufen? Nicht nur in Gesprächen im Privatleben, sondern auch am Arbeitsplatz spielen Muster und Rituale eine große Rolle. Deborah Tannen zeigt Wege auf, wie man diese Muster durchbrechen und zu einer erfolgreichen und positiven Verständigung gelangen kann.

05/1186/01/R

Katrina Kenison

Mehr Zeit für mich

Wohlfühltips für Mütter in Eile. Aus dem Amerikanischen von Barbara Röhl. 191 Seiten. Serie Piper

Mutter zu sein bedeutet oft Dauerstreß: Gibt es doch heutzutage schon für die Kleinsten ein Überangebot an Aktivitäten, das moderne Mütter auch nutzen möchten – doch ihnen geht dabei leicht die Puste aus. Katrina Kenison zeigt, wie Mütter das Tempo drosseln und ihren eigenen Rhythmus finden können: beim gemeinsamen Frühstück oder Geschichtenvorlesen, beim Spielen, Einkaufen oder einfach beim Faulenzen – zum Besten der Kinder und fürs eigene Wohlbefinden.

»Öfter mal locker lassen … Kenison macht Vorschläge, wie und wo Mütter im alltäglichen Marathon kleine Oasen einbauen können.«
Der Spiegel

05/1415/01/L

Uwe Böschemeyer

Das Leben meint uns

111 Ermutigungen für Paare. 166 Seiten. Serie Piper

Der Streit ums Geld, ein kleiner Konflikt beim Autofahren, der vergessene Geburtstag, die unfreundliche Bemerkung am Morgen – oft beginnt damit die Krise in einer Beziehung. Doch, so der erfahrene Psychotherapeut Uwe Böschemeyer, fast jede Krise ist auch eine Chance. Wenn Paare nach den Zielen eines gemeinsamen Lebens fragen, ist ein Neubeginn möglich. In nachdenklichen Texten, Fallgeschichten und kleinen, sofort einleuchtenden Alltagsszenen zeigt der Autor die Probleme und Ziele einer Beziehung. 111 Ermutigungen für Paare.

»Auf der nach oben offenen Qualitätsskala der Beratungsbücher belegt das Buch einen Spitzenplatz.«
www.wissen.de

05/1407/01/R

Tadahiko Nagao, Isamu Saito

Kokology

Das Spiel des Herzens. Entdecken Sie die Wahrheit über Ihre Seele. Aus dem Japanischen von Gabriele Wurster, Anita Brockmann und Annelie Ortmanns. 155 Seiten. Serie Piper

Der neue Trend aus Fernost: Kokology, das Spiel des Herzens. Das Buch wurde in Japan inzwischen über vier Millionen Mal verkauft. Spielen Sie Kokology – alleine oder mit den Menschen um Sie herum. Gefühle und Sexualität, Freundschaft und Familie, Job oder Sport – erfahren Sie die verblüffende Wahrheit, wie Sie auf andere wirken und wer Sie wirklich sind.

»Spannender als jeder Krimi: Das japanische Kokology.«
Elle

Yagyu Munenori

Der Weg des Samurai

Anleitung zum strategischen Handeln. Herausgegeben von Hiroaki Sato. Aus dem Amerikanischen von Guido Keller. 153 Seiten. Serie Piper

In kurzen Kapiteln vermittelt der legendäre Schwertkunstmeister Yagyu Munenori (1571–1646) Wahrheiten, die immer noch Gültigkeit besitzen: Klarheit und Inspiration, Harmonie und Vollendung – das sind die Essenzen der uralten japanischen Schwertkunst, die besonders heute den Weg zu klugem strategischem Handeln in Konflikten und im Wettbewerb zeigen. Ein außergewöhnliches Buch, das den Leser tief mit der spirituellen Lebensart und strategischen Weisheit des edlen japanischen Samurai vertraut macht.

SERIE PIPER

05/1572/01/L

05/1588/01/R